昭和・平成
SHOWA/HEISEI
THE POLITICAL CONSPIRACY
戦後政治の謀略史

二つの権力犯罪、二つの政権崩壊劇にみた
日本政治の正体

詩想社

HIRANO SADAO　TAKANO HAJIME　KIMURA AKIRA
平野貞夫×高野孟×木村朗

はじめに

戦後日本の歩みを振り返ると、戦後日本は真の独立国家でも法治国家・民主国家でもあったことは一度もなかったということがよくわかる。それは、対米従属と官僚支配という二つの特徴をもつ日本独自の権力構造が戦後七〇年以上一貫して続いており、平成時代の三〇年が終わろうとしている現在でも基本的に変わっていないからである。まさに「終わらない占領」であり、「永続敗戦レジーム」（白井聡）と称されるゆえんである。

この戦後日本の権力構造に挑戦した代表的な政治家が、本書で取り上げる田中角栄とその後継者ともいえる小沢一郎であろう。また戦後日本における自民党支配を象徴する「五五年体制」の一角を崩す形で登場した非自民・細川政権であり、それを継承する性格をもつ鳩山民主党政権であったといえよう。

本書は、まさしく戦後史の生き証人、日本政界の裏も表も知り尽くしている平野貞夫氏と高野孟氏のお二人からの、戦後日本政治の歩みとその実態について、すでに表に出ている歴史的事実だけでなく、これまで隠されてきた数々のエピソードや政界の裏面史も含めた貴重な証言をまとめたものである。

第一部では、一九七六年に発覚した「戦後最大の疑獄」とされているロッキード事件と政権交代選挙前から執拗に仕掛けられた「戦後最大の政治謀略事件」である小沢事件を取り上げて、その中心となった二人の大物政治家、田中角栄と小沢一郎をめぐるさまざまな問題を掘り下げている。田中角栄氏失脚の背景には、米国の頭越しの日中国交回復や独自の資源外交があったばかりでなく、当時の日本の司法制度にはない司法取引による「嘱託尋問調書」の採用やロッキード事件解明のカギを握っていた児玉誉士夫氏の不可解な証人喚問中止などの謎が残されている。

小沢一郎氏の秘書逮捕のきっかけはロッキード事件と同じく外為法違反であり、第七艦隊発言（米軍の抑止力は第七艦隊だけで十分との内容）があった。また、小沢裁判では、検察審査会に検察から提出された捜査報告書が改ざんされていた事実の発覚など異常な出来事が相次いで起こっているだけでなく、その多くが今日まで解明されるにはいたっていない。田中・小沢両氏とも、司法とメディアが一体化した形で行う政治的謀略・権力犯罪のターゲットとされたのである。

第二部では、その二人の「アメリカに潰された政治家」（孫崎享）とも関連する戦後日本における大きな岐路ともなった画期的な二つの政権交代の内情、すなわち一九九三年の細川政権誕生・退場と二〇〇九年の鳩山政権成立・崩壊の問題を中心に論じている。「五五年体制」を崩壊させた細川政権誕生の背景には冷戦終結があり、小選挙区制導入を柱とする政治改革と政界再編をめぐる様々な政治勢力の争いがあった。また、細川政権退場の契機は、国民福祉税導入の混乱と朝鮮半島危機だけでなく、対米自立を志向した防衛問題懇談会報告書（樋口レポート）の存在と米国の影があった。

二〇〇九年夏の総選挙で鳩山民主党政権を成立させた原動力は、とりわけ小泉政権以降の自民党政権が導入した新自由主義的な改革に対する圧倒的多数の国民の不満であり、その象徴が郵政民営化であった。また、その鳩山政権を崩壊させる契機となったのが、普天間基地移設問題での「国外移設、最低でも県外移設」方針と、より大きなビジョンである東アジア共同体構想であった。

二〇一八年に入って朝鮮半島情勢が対立・緊張から和解・協調へと劇的に変化し始めている。すでに三度目の南北首脳会談が行われ、二度目の米朝首脳会談の開催へと動き始めている。そうした中で行われた自民党総裁選は、結局、安倍晋三首相の三選という結果で終わったが、石破茂氏が予想外の「善戦」をした。もう一つの注目された沖縄知事選挙では、「オール沖縄」が推す玉城デニー氏が佐喜眞淳氏に圧倒的大差で勝利した。

また、二〇一六年一月の米国でのトランプ政権の登場以来、「パックス・アメリカーナ」の終焉が加速化し、朝鮮半島和解のダイナミズムの中で東アジアの冷戦構造が崩壊するきざしが見え始めている。お隣の韓国では、全国民的な民主主義闘争の結果、金大中・盧武鉉両大統領の流れを継ぐ文在寅大統領の手によって、朝鮮半島の平和的統一や韓国からの米軍撤退につながる展望が開けつつある。まさに、かつてない大きな地殻変動が起きているのだ。

そして、これまでと違って、沖縄からばかりでなく、全国知事会や与野党からも日米地位協定改定を求める声が出始めていることがそれを示している。いまこそ、細川・鳩山両政権の経験を引き継ぐ形で本格的な政権交代をもう一度行って、対米自立と東アジアの平和創造を実現する大きなチャンスである。本書がこれ以上の際限のない対米従属を断ち切って真の独立国家・民主国家となるための一助となるならば、共著者一同、望外の喜びである。

木村朗

昭和・平成 戦後政治の謀略史◎目次

第1部　封印された二つの政治謀略事件

第1章　ロッキード事件、その「葬られた真実」

目次

第2章 小沢事件にみる日本の民主主義の危機

第2部 二つの非自民政権崩壊からみる戦後政治の深層

第1章 細川政権誕生、五五年体制崩壊の裏側

目　次

装丁／秦 浩司（hatagram）
撮影／ヒロタノリト

第1部

封印された二つの政治謀略事件

第１章

ロッキード事件、その「葬られた真実」

司法・行政・国会による権力犯罪が問われるきっかけとなった事件

木村 戦後日本の進路を変えたともいえるロッキード事件は、一九七六年に発覚しました。田中角栄逮捕から四〇周年の時期には、関連した多数の本が出版されるなど田中角栄ブームが沸き起こり、かつての政敵でもあった石原慎太郎さんが書いた本『天才』（幻冬舎）がベストセラーになりました。検察側に偏ったものかもしれませんが、ＮＨＫが二〇一六年一〇月に二日連続で『ＮＨＫスペシャル　未解決事件 File05 ロッキード事件』でロッキード事件と田中角栄の時代を掘り起こして放送しましたし、朝日新聞社が『田中角栄を逮捕した男 吉永祐介と 特捜検察「栄光」の裏側』という書籍を刊行したり、週刊誌でも様々な田中角栄特集が組まれました。

また、これとは全く違った視点でロッキード事件の真実を追求したものとして、平野貞夫さんの本（『田中角栄を葬ったのは誰だ』Ｋ＆Ｋプレス）や石井一さんの本（『冤罪 田中角栄とロッキード事件の真相』産経新聞出版)、あるいは奥山俊宏さんの本(『秘密解除ロッキード事件——田中角栄はなぜアメリカに嫌われたのか』岩波書店)などを挙げることができると思います。

こういった報道、出版にみられる田中角栄再評価の流れを、先ほど申し上げたロッキード事件に関する著書もある平野さんはどうとらえていますか。

平野 私がなぜ、『田中角栄を葬ったのは誰だ』を著したのかといいますと、実は一〇年ほど前、ロッキード、田中逮捕三〇年に焦点を合わせて、朝日新聞の社会部と相談し、ロッキード事件の真相、真実は何であったのかというテーマで『ロッキード事件「葬られた真実」』という本を講談社から刊行しました。その時に刊行のタイミングに合わせて、この本で私が明かした新事実を特ダネで報道するから、一切他のマスコミには言うなと朝日新聞には言われていました。しかしその記事が、突然、掲載前夜に朝日が載せないことになったのです。私の手元にはすでに予定稿も来ていたのですが、結局ボツになったわけです。そして講談社は、出したばかりの本を直ちに初版で絶版にしました。その「特ダネ」は、ここ(平野貞夫著『ロッキード事件「葬られた真実」』講談社、二〇〇六年)に書いていますけどね。これは完全に私の本に対して、政治的社会的圧力がかかったのだと思いました。

その当時は、民主党に政権交代になる可能性が出てきたという時で、国民が政治に非常に期待していたのです。ですからそんな昔の話の本はいらない、という状況もあったと思います。ほとんど売れずに絶版になったあと、私はじいっと我慢をしていて、あと一〇年経ってロッキード事件四〇周年には一発出してやろうと思っていたわけです。そして、その時の本をベースにして、その後の小沢陸山会事件などもありましたから、日本の権力犯罪というものが非常に明確になったきっかけがロッキード事件でもあったわけですから、四〇年目にこの本を出したのです。この権力の、司法・行政・国会が関わる犯罪的な部分については、いま、訴えておかなければいけないと考えたのです。

また、田中角栄さんには非常に民衆に温かい、民衆の立場の面と、その後国会議員になって、特に長岡鉄道を手に入れたあたりから、民衆の立場を忘れた部分のほうで生きていくという面の、プラス、マイナスの両面があったと思います。その部分はきちっと仕分けして、真実は何であったかということを、この機会にみんなが考えてくれたらいいという願いもありました。しかし、慎太郎さんの『天才』が、妙な曲がったかたちで角栄ブームをつくってしまったことは、少し残念に思っていました。

高野孟さんも覚えていると思いますが、田中さんの事務所から、早坂茂三さんが真紀子さんに追い出されたあと、『政治家 田中角栄』という本を中央公論から出しています。これは実は、八〇％私が書いたのです。あとの二〇％は毎日新聞の経済部の嶌信彦さんが、日銀特融で救済した山一証券問題のことを書いたわけです。ロッキード事件の前なのですが、総理大臣を辞めるまでのことについては、早坂さんはこういう本格的な文章を書くのが不得手で、私が田中角栄さんといろんな縁があったものですから、早坂さんから大量の資料をもらって、渾身を込めてゴーストライターをしたのです。その本に、田中さんのいい部分も悪い部分も全部書いた経験もあるので、最近の角栄褒め殺しのブームであったとしても、やっぱり田中さんの人間として立派な部分が、いまの閉塞した社会の中で国民のみなさんにわかってもらえたことは本当に良かったと思っています。

木村　石原慎太郎さんの『天才』と『ＮＨＫスペシャル』、そして朝日新聞社が出した本を私が最初に挙げたのは、先ほどの平野さんの本や石井一さんの本などとは全く逆の意図・内容をもったもので、そこにまさに現在まで続くメディアと司法（特に検察）の一体化した国策捜査と情報操作という問題が露骨にあらわれているのではないかと思ったからです。

安倍政治に対する反作用としての角栄再評価

木村　高野さんは石井一さんの本『冤罪 田中角栄とロッキード事件の真相』の中にも何度かお名前が出てきていますが、この田中角栄再評価の流れをどう見ておられますか。

高野　最近の田中ブームというのは、やはり安倍政治が保守政治の流れの中で非常に特異な性格を持っていることへの反作用だと思います。自民党本来の保守からだいぶかけはなれて右翼へと過度に傾いてしまい、その背後に日本会議——これも最近ブームで本が七冊か八冊ぐらいいっぺんに出ましたね——という一種独特のイデオロギー集団が後ろについていることが知れわたってしまった。バランスよく右から左までいて、それで上手に振子を振りながら政治を運営していくのが自民党政治であって、その流れからすると安倍政権は非常に異様な政権です。しかも小選挙区制のせいもありますけれども、派閥抗争がなくなって、みんな党本部のことを批判できない。無気力状態がますます深まっていって、その裏返しとして「安倍一強」がまかり通るというのはやはり景色がおかしいですよね。だからなんとなく多くの人の中に、保守政治って何だったったっけみたいな感覚があって、それで田中角栄が見直されているのではないでしょうか。

それから派閥がなくなった、活力がなくなったということとも関係がありますが、昔はスケールの大きい政治家がたくさんいた。その人を見ているだけでおもしろくて、それこそいい面も悪い面も併せ持って、謎の部分や闇の部分もあったりするのですが、人間としてスケールが大きい、すごいダイナミズムを持っているような政治家の群像があって当たり前だったのですが、そういうものをまったく見なくなって久しいですね。

木村　戦後日本で最も偉大なといいますか、傑出した政治家として高く評価されているのが田中角栄さんというのが最近の見方ですね。

高野　そうですね。偉大かどうかわかりませんが、要するにバイタリティということで言えば、あんなにおもしろい政治家はいなかったですよね。だから、いまの貧相な安倍政治を見るにつけ、保守政治って何だっけ？　政治家ってこんなふうだっけ？　という何か懐かしい感じが潜在的な心理の中に蘇ってくるのではないですかね。

石原慎太郎さんはいきなり「憧れ」っていう言葉まで使ってますよね、角栄に対して。

反田中の急先鋒だったはずの石原さんがいまになってこうやって角栄を褒めちぎって、しかもそれがベストセラーになるというのは、現在の人々の深層心理とどこかで共鳴している部分があるのだろうという気がします。

角栄逮捕の裏にある四〇年来の謎

木村　かつて対立していた相手であっても、田中さんを認めざるを得ないというすごさを感じているということ、多分それは本当なんでしょうね。その一方で、改めてロッキード事件を見直して検証しようという新しい動きも出ていますよね。

高野　ロッキード事件が検察の言っているような事件として終わらせてはいけないというのは、僕も同じ立場で、当時からずっと取り組んできたことです。石原さんは先ほどの本の中で、「田中元総理が独自の資源外交に乗り出したため、アメリカという支配者の虎の尾を踏んで怒りを買い、虚構に満ちた裁判で失脚に追い込まれた」との見方に立っています。そして「当時の自分は田中に対するアメリカの策略に洗脳された一人だった」と反省の言葉を述べている。この見方を最初に提起したのは田原総一朗氏で、『中央公論』の一九七六年七月号に掲載された「虎の尾を踏んだ田中角栄」です。この田中における対米自主的な資源ナショナリズムという問題は、田中角栄を論じる場合に必要な大事な視点ではありますが、ロッキード事件をこの側面からだけで説明しようとすると間違えてしまうと思います。

さて、ロッキード事件が勃発したのは一九七六年二月で、日本で言うと五日の朝刊からドーンと報道されて大騒ぎになりました。その時に私は何をしていたかというと、その半年ほど前から、同世代のライターの加納明弘と共著で『内幕』（学陽書房）という本をつくろうとしていました。それこそ白井聡さんの『永続敗戦論』（太田出版）、もっと遡れば松本清張さんの『日本の黒い霧』ということにもなりますが、戦後のGHQ時代に形成されてその後の日本の政治と経済を裏から操ってきた「地下帝国」とは何かを仮説も含めて解き明かそうという狙いで、児玉誉士夫を中心とする戦前からの右翼・大陸浪人人脈であるとか、旧軍人グループがGHQに動員されて朝鮮戦争に関わっていったとか、そういう中でまさに〝戦後神話〟として取り沙汰された「M資金」など、いくつかの項目を立てました。そして、そのようなことをGHQの時代から書きたい放題に書きまくっていた『真相』をはじめとした暴露雑誌を片端から読みこなして、資料として溜め込んでいくという作業をやっていました。

世田谷に大宅壮一さんゆかりの「大宅文庫」という雑誌図書館があって、そこは、大宅さんが収集した暴露雑誌やカストリ雑誌みたいな怪しげなものまで含めて全部を、大宅さんが亡くなったあとも収蔵していて、カードで検索できるようになっていました。私はそこに何週間も通って、「児玉誉士夫」で検索して、該当する雑誌の束を出してもらって閲覧するということをやっていました。

その日も、電車に乗って朝刊を読んで「おおーっ、アメリカ議会で児玉誉士夫とか小佐野賢治の名前が出てきたって、何のこっちゃ。なんだか大変なことになりそうだな」と思いながら、昨日の続きでまた、『真相』のファイルをどさっと出してもらって読んでいた。すると、そこに新聞社や通信社の記者が次々に黒塗りの車で乗りつけてきて、カウンターで「『真相』、閲覧させてください」と言っている。「悪いけど、私がもう借りちゃってるよ」って（笑）。それがロッキード事件勃発当日でした。

いま話したのは私のフリーライターとしての仕事で、もう片方で、いまは私が引き継いでライフワークとなっているニュースレター『インサイダー』でも、ロッキード事件の深層といった記事を書きまくりました。『インサイダー』は、その三ヵ月前、一九七五年の一一月に私の師匠の山川暁夫さんという大ジャーナリストが編集長となって創刊されたばかりで、創刊早々から、ロッキード事件の記事は評判となり、新聞・通信各社のロッキード事件取材班の第一線記者や、週刊誌各誌の編集長、フリーの記者や私の弟らが始めた『週刊ピーナツ』の関係者などが、夜な夜な当時赤坂にあったインサイダーの事務所に集まっては情報交換をし、熱く議論を交わしたりしました。

そこでの我々の基本的な問題意識は、二月五日の最初の報道で「軍用機疑惑」とマスコミがみな見出しを立てていたのに、二ヵ月ほど経って桜が咲く頃になると判で押したように「トライスター疑惑」になってしまったのはなぜか、ということでした。軍用機というのはロッキード社製の「P3Cオライオン対潜哨戒機」のことで、それを日本に買わせるために児玉誉士夫と「秘密代理人」契約を交わして二一億円もの金を渡して、それはいったいどこへ行ったのか。田中角栄が、ロッキード社が全日空にトライスター旅客機を売り込むのに口をきいて五億円の賄賂を受け取ったということで裁かれたわけで、それはそれであったのかもしれませんが、それよりも遥かに巨額の商談としてP3Cがあってそれこそがメインだった。

結局、P3Cという「軍用機疑惑」は日米両政府にとって誠に都合が悪いので早々に封印をして、それでは収まりがつかないので、トライスターという「民間機疑惑」で田中角栄がお金を受け取ったという話にして、臭いものに蓋をしたんですね。

木村　『ＮＨＫスペシャル』の「未解決事件 File05 ロッキード事件」（二〇一六年一〇月八・九日）をご覧になられて、どのような評価、感想を持たれましたか。

高野　Ｐ３Ｃ問題に光を当てようとしたのはとてもいいことですが、非常に中途半端でしたね。あれをやるなら徹底的に掘らないといけないと思いますが、あの番組は七六年当時、誰もが、「あれ、どうしてトライスターになっちゃったんだろう」と思った、そのレベルから一歩も出てない。四〇年経ったいまになってここを改めて取り上げるのであれば、とことん追及して、新事実なり新証言なりを引っ張り出して、ロッキード事件はそもそもＰ３Ｃ導入にまつわる「軍用機疑惑」が本体だった、それが隠蔽されたのはどうしてなのか問い詰めるところまでやらないとおかしいですね。ＮＨＫの番組は「忘れられてしまったＰ３Ｃ」という感じで、いまごろになってＰ３Ｃは未解明のまま、もうみんな忘れちゃってますよねっていうことを基本的に言っただけですよね。それじゃおかしいと思うので、ここまで調べましたという番組ではなかったですよね。だから、ちょっと不思議というか、中途半端な番組で、やるのならＮＨＫの取材力をフル動員して徹底的に迫ってもらいたかったと思います。

木村　元ＴＢＳの記者である田中良紹さんが「歴史の真相を闇に葬るＮＨＫと朝日新聞の罪」という記事の中で、いま言われたことと同じような指摘を含めてかなり批判的に書かれています。

高野　ですから、このロッキード事件に限らず、金権疑惑もそうですが、田中角栄は確かに汚濁にまみれていたのは間違いないし、何かきっかけがあれば裁かれてしかるべきだったかもしれないけれども、私の一貫した立場は、裁くのなら正しく裁かないといけないというところにあります。このことでは立花隆と『朝日ジャーナル』誌上で論争になったこともありましたけれど、検察はいつだって、どこか立件しやすいところで足先を引っかけるようにしてブチ込んでしまって、あとは脅したり泣き落としたりして自白させれば、どうにでも事件は作れるというのが常套手段です。

だから、ロッキード事件がＰ３Ｃであろうとトライスターであろうと、検察にとってはどっちでもよくて、とにかく悪い奴に決まっている巨悪の象徴＝田中角栄を、「正義の味方」である検察が血祭りに上げることができて、世間の拍手喝采を浴びることができればそれでいいのですね。

これが、いつまで経っても「冤罪」があとを絶たない最大の理由ですね。それと同時に、こんなやり方が、「巨悪」だけではなくて「小悪」まで含めて、汚職や不正がいつまでもなくならない理由でもあります。何でもいいから引っかけて倒してしまえばいいというのは、交通違反取締のネズミ取りのようなもので、警察は月間目標金額の達成のために、速度制限が五〇キロから四〇キロに変わるポイントとか、長い下り坂で自然にスピードが出やすいところとか、引っかけやすいところで待ち構えて罰金を取るが、取られたほうは「こいつら汚いやり方をしやがって」と思うから、これを単なる不運と考えて決して反省の材料とはしない。

それと同じで、検察は決して権力犯罪の真実を徹底解明しようなどとは思っていないのです。彼らは権力そのものですし、権力を守るために権力内部の行き過ぎを是正するのが仕事ですから、目に余ることを嘘でもいいから裁いて取り除けばそれでいいわけです。だから、Ｐ３Ｃは蓋をしてトライスターで前首相を逮捕できるのなら、それに越したことはないというほうに流れていく。

私や田原総一朗がロッキード裁判の検察プロットはおかしい、デタラメだとさんざん批判しましたが、立花はそんなふうに検察にケチをつけるべきではない、検察は巨悪に立ち向かうにあたって、法律の限界や立件技術上の難しいことがいろいろある中で、それをプロとして何とかくぐり抜けて悪い奴をやっつけようとしているのだから、その時に「Ｐ３Ｃはどうした」とか言って文句を言うのは止めろという主張でしたよ。もっとも、彼も後にはＰ３Ｃをパスしたのはおかしいと書いていますけれど。

ロッキード事件に通底する戦後民主主義のタテマエとホンネの対立

木村　僕が非常に問題だと思うのは、やはりダブルスタンダードというか、いま言われた裁かれるべきものは裁かれないといけないというのは正しくても、果たしてその裁き方が、裁かれるべき人に正しい裁き方を本当にしているのかといえば、実は決してそうではないんじゃないかということがあって、それが最大の問題だと思っています。

平野　先ほどのＮＨＫの番組のことですが、二〇一五年の暮から一六年の春にかけて田中ブームになりましたが、あの番組は結構早く、一六年の六月頃にはもうできているんです。それでいつ放映するかというタイミングを狙っていたわけで、参議院選挙もあって、非常に政治的につくられた番組なのです。

田中ブームがこれ以上起こると、安倍政権にとって世論的に不利になると考え、そういうブームを抑えるための番組内容だったと思うのです。要するにあの番組は、田中という政治家にはトライスターだけではなく、P3Cなどでもかなりの疑惑がかかっているぞということが結論にあります。NHKにどういう政治的圧力がかかったか、またはNHKが自主的にやったのかどうかということは別にしても、NHKが極めて政治的に判断してつくったものであって、けしからんことだと私は思っています。

真実を明らかにする番組をつくるなら、検察側だけではなく、検察側を批判しているわれわれのような立場の人も登場させるべきです。その意味で、いまだにNHK、朝日新聞というのは、ロッキード事件の真実を隠そうとする姿勢は変わっていないと思うのです。

なぜそのようなことをNHKや朝日新聞が行い、また、そういう動きをある程度批判する人もいますが、国民の多くが黙って是認しているのか。それは、日本人の基本的な社会秩序意識に問題があるからだと私は思います。公の権力がやったことは、もし間違いがあっても、それを間違いがないとして是認しなきゃいかんという意識が明治時代にプロイセンの憲法をまねて以来、日本国民に植え付けられているのです。もともと日本人というのは、お上は絶対に正しくて、従わなければならないという傾向がありますからね。

辺野古の問題だって同様です。あらゆる権力の犯罪というのが、オットー・マイヤーのいう公のやっていることが間違いない、間違いがあってもそれを是認しなければ世の中は治まらないという意識によって、野放しになっている。これはもう行政や立法、司法、それからマスコミの世界でも、この部分を改善しなければ、私は日本の本当のデモクラシーは生まれないと思うのです。

高野　私は一九八三年に『田中角栄の読み方』（ごま書房）という本を書いたのですが、この本の第一節は「角栄と天皇裕仁」と題されていて、裕仁天皇は田中角栄が大嫌いで、とてもテレビ好きだったらしいのですが、角栄が出てくるとプチっと消したというエピソードを皇室記者から聞いたことがあって、そこから書き出しています。そこから話をどう展開したかというと、いま振り返るとちょっと稚拙なんですが、図を掲げて、「裕仁的なるもの」と「角栄的なるもの」という分類で戦後民主主義というものの二面性を理解したらどうかという問題を提起しました。裕仁的なものとは、まさにお上であり、タテマエの世界であり、それに対して角栄的なるものというのは、下々で、綺麗事抜きのホンネ一本。だけどそっちのほうがもしかしたら本当の民主主義かもしれないという問題意識です。

そうすると、朝日とかＮＨＫというのは、右だ、左だ、ではなくて、そういうタテマエとしての上から目線の民主主義の側に立って正義ヅラしているのではないか。それは角栄に言わせると、民主主義なんかじゃないと。民主主義って、「民」が「主」だってことだろうと。もっと庶民の暮らしというのはどろどろしたものだし、自分も含めて、そこでホンネで這いずり回るのが本当の「民」の姿じゃないかと思っている。そういう対立軸というのが、実はこの問題を巡って底のほうに伏流しているのではないかと思うのです。だからＮＨＫ・朝日はどこまで行ってもタテマエの立場から、ホンネの奴を叩くという構図になっていくんじゃないかと思います。

事件発覚当初の読みが甘かった角栄と田中派の面々

木村　田中角栄政権ができて、日本列島改造論に基づく国内改造や日中国交回復や資源独自外交などが華々しく行われますが、その渦中で金権政治への批判が一九七四年夏の参議院選挙敗北後、立花隆さんの記事（「田中角栄研究～その金脈と人脈」『文芸春秋』一九七四年一一月号）や、あるいは外国人特派員協会での田中さんの記者会見などを契機に一挙に出てきて、結局、田中政権は崩壊することになります。そしてしばらく経って、田中政権のあとを継いだ三木政権の時に、アメリカ発のニュースでロッキード事件が浮上して、元首相である田中角栄さんの逮捕まで行き着くという経緯につながっていきますが、その間の動きを平野さんはどのように見られているのでしょうか。

平野　田中角栄政権ができたという問題の背景には、日本の議会政治の中に二つの流れがあることを理解しなければなりません。一つは縄文的デモクラシーで、もう一つは弥生的デモクラシーです。先ほど高野さんが言ったことを別の言葉で置き換えたとも言えます。縄文的デモクラシーとは、いわゆる原始アナーキズム的デモクラシーで、本音でぶつかっていくデモクラシー。一方の弥生的デモクラシーというのは、調整されたというか、管理されたといいますか、いわゆる翻訳されたデモクラシーですね。

日本のデモクラシーはそれまで、翻訳されたデモクラシーで戦後ずっと続いてきましたが、田中内閣の成立によって、初めて日本海地方を中心とする縄文の本音の、本当に民衆の要求を引っ張り出した政権ができたと言えます。したがって日本の近代の歴史というのは、そういう原始アナーキズム的デモクラシーを翻訳デモクラシーで抑えつけるというのがずっと伝統だったわけで、官僚やマスメディアなどの弥生的勢力と田中角栄政権は、本来的に敵対関係なのです。

そして日中国交回復や、「日本列島改造論」、資源外交というものは、ある意味で当時のアメリカ主導の世界秩序を無視した、非常に日本人の本音の政治運動だったわけです。これはやはりアメリカに支配されている日本ですから、アメリカからすればけしからんということになるし、またその影響を受けている翻訳デモクラシーの官僚主義には、これは許せないというのが根っこにあったと思うのです。そしてそれを翻訳デモクラシーを信奉する三木武夫という政治家が、政治的に私恨も含めて田中さんを政界から排除するため、葬るために利用した。

アメリカの尻尾を踏んだという議論がありますが、そういうことも考えられると思いますが、私はアメリカは田中さんだけじゃなく、日本の政治全体に池から鯉が飛び出すような、そのような勝手なことをするとアメリカはチェックしていくぞという一つの警告みたいなものであったのではないかと思います。

木村 ロッキード事件を検証する場合、国内対立要因と国際的な要因に分けることができると思いますが、国際的な要因についてはあとから触れていただきたいと思いますが、まず国内対立要因としては、このロッキード事件では何が最大の問題であったのか。その点についてもう少しお話ししていただきたいと思います。

平野 一つは検察の姿勢だと思います。検察は昭和二九年だったか、いわゆる造船疑獄事件で指揮権発動されて、そこで当時の政界の大物である佐藤栄作幹事長を逮捕できなかった…。

木村 吉田茂内閣の時で、指揮権発動をしたのは犬養健法務大臣でしたよね。

平野 それ以来、いわゆる検察コンプレックスというのはずっとあって、それから二〇年ぐらい、爛熟する資本主義の高度成長の中で、さまざまな問題がありましたが、結局、小物ばっかりで大物をチェックできていないという状態がありました。そのため、検察のそうした姿勢が社会的に非常に問われていたころ、田中角栄の金脈問題で文藝春秋と立花さんに先に報道されたものだから、検察はある意味で相当追い込まれていたのです。しかしこの報道を立件することはなかなか難しく、検察側はその後ずっと、田中さん周辺に何かないかと狙っていたと思います。それがロッキード事件の、一つの背景だと思います。

それから政治の世界の、やはり派閥抗争だと思います。その派閥抗争の主要な側面というのは何かというと、やはり最初は福田赳夫vs田中角栄です。

木村　福田さんの後ろには岸信介さんがついていたのですよね。

平野　岸さんもいたし、それから佐藤さんもいたと思う。そっち側だと思います。それから大平・中曽根・三木というのは、田中内閣を一緒につくったほうですからね。本当なら主要な田中の対立相手じゃないわけですよね。そこでその三木・中曽根が最終的に田中さんを潰すほうに回り、それで残ったのは宏池会の大平さんだけですね。ところが僕はあのころ、前尾繁三郎衆議院議長の秘書をやっていて、自分は性格が荒っぽいですから、事務局の立場を超えたことをいろいろやらされていたのですが、あの時の宏池会の姿勢は、本気で田中さんを守るというような姿勢じゃありません。本当に冷たいもんですよ。

木村　それは田中さんと大平さんの個人的な関係もそうだったのですか。

平野　どっちかと言いますと、大平さんはまじめで誠実そうに見えていますが、結局計算して、ずるいと言ったら言い過ぎですけど、冷静なところがありまして、片一方の人（田中さん）がカーッと燃えるほうですからね、見えないわけですよね。そういう意味で、田中さん及び田中派が非常に孤立していたということです。

それからもう一つ、ロッキード事件が発覚していろいろ国会で議論されている時、当初は田中派の中でほとんど無関心だったのです。それは当時、派閥に対する驕りがあったのだと思います。そして、田中さんと親しい小佐野賢治さん（国際興業グループ創業者）に焦点が当たりました。その時にさえ、田中派は安心しているのです。なぜかというと、田中さんは常々、小佐野さんは大ケチで、仕事の取引で金儲けをしたことはあるが、政治の闇の献金なんか一回ももらったことがないと周囲に言っていました。そんなお金を出す人じゃないと、小佐野さんに焦点が当たったことで、田中さん本人も安心しているんです。僕は、田中さん及び田中派の備えといいますか、読みが当初非常に甘かったと思います。そういうところに三木さんがアメリカの情報及び検察と混ざりながら、協力したり対立したり、議論もして喧嘩もしていますけど、これだったら田中を潰せるというふうに判断をしてきたという経緯がありました。それがロッキード事件のポイントです。

それからマスコミがとにかく金脈問題であれだけ田中を叩いて、田中がまた政権に就くと言っているが、これは大変なことになると騒いだのです。日本人の倫理とかルールみたいなものがこれじゃ侵されると言って、田中憎しという空気が生成されていった。巨大メディアも一斉にそういう扱いをして、それが日本の民主主義の危機をもたらしたということです。このことがロッキード事件の真実を隠していく、あるいは捏造していく原因になったと思います。

それと田中さんのキャラクターが、この事件には大きく影響したと私は思います。私は小沢さんより田中さんや金丸さんや竹下さんと五年から一〇年ぐらい知り合ったのが早いですから、田中さんのことがわかるのですが、やっぱり田中さんというのは稀代の天才ですよ。間違いなく政治の天才ですけど、お金が自分の活動の原点ですから、世間から批判を受けることになるのです。それはしかし、批判することじゃないですよ。

前尾繁三郎さんは、田中さんのことを、要するに自動制御装置のない電気毛布みたいなもんだとしょっちゅう言っていました。国会運営などで何かあると、前尾さんは田中さんによく注意していたものです。田中さんも前尾さんを怖がって、ストレートに言えないことがあると、私に、「おまえ、ちゃんと言っとけ」、「こういうふうにしろ」とよく言われました。田中さんの人間的親しみはその時に十分わかりましたが、「俺の言うこと、俺がやっていることは正義であるのに、おまえら、なんでそんなうるさいことを言うんだ」というような部分は結構ありました。そういうところがやはり、こういう悲劇を生んだ原因だと思いますね。

隠蔽されたロッキード事件の「本筋」

木村　田中内閣が金権批判で倒れて、そのあと金権政治を一掃するということで、「クリーン三木」というかたちで三木内閣が出てきた。そして、このロッキードの事件が海を越えて届けられたことで、三木さんが本来ならばターゲットとなるべきだったＰ３Ｃ及び中曽根さんへの疑惑を、トライスターと田中さんに変えていく。その時、稲葉修法務大臣、中曽根康弘幹事長といっしょになって流れを変えていったという経緯が、国内的にはあると思いますが。

高野　結局、「金権田中」ということになって、レッテル貼りというか、それがマスコミによって一つのシンボルとして操作されて、国民世論は「田中許すまじ」という方向に流れます。そうするとそれに対する対極のシンボルとして、クリーンでもない三木をクリーンと言って、看板を切り替えるという操作が行われて、そこでうまく立ち回ったのが中曽根で、その功労により三木内閣の幹事長に収まったわけです。そこへロッキード事件が起きて、先ほどから話が出ているように、最初は軍用機疑惑と言われて、Ｐ３Ｃと聞いた途端に僕らはこれはもう「中曽根だね」と思っていました。

それはどうしてかというと、佐藤内閣最後の防衛庁長官が中曽根で、この時にはいろいろ危なっかしい話があった。例えば、三菱重工業はじめ兵器業界に「核兵器製造はどのぐらいの期間でできるのか」のレポートを出せと密かに要請したとか、そしてまたそのことをアメリカが察知してものすごく警戒して、中曽根を危険人物としてウォッチしているという話が伝わっていた。そういう中で、それ以前のＰ２Ｖというロッキード社製の古い対潜哨戒機がもう更改期に来ていて、次期対潜哨戒機（ＰＸＬ）をどうするかということが中曽根長官の下で大きなテーマになっていました。

中曽根は、ナショナリストの面目躍如で、そういう自主路線に立って「兵器国産化大方針」という時代がかったものを打ち出す。原則として国内で造れる兵器はできるだけ国産でやろうという趣旨で、それで三菱はじめ国内の軍需産業はみんな大喜びするわけです。それはしかし一般論ではなくて、もう選定が差し迫っていた次期対潜哨戒機をどうするのかに直接関わっていることで、それを国産で行くと。つまりＰ２Ｖの後継機であるＰ３Ｃ

をロッキード社から買わないで三菱重工業中心で国産開発し調達すると言っているのに等しいわけです。

ロッキード社としては、じゃあ、これを覆すにはどうするか。中曽根の親分筋は児玉誉士夫じゃないかと。だからこそ児玉が出てくるわけです。児玉が出てきて全日空にトライスターを買わせるという話があるわけがない。どう考えたって、中曽根の理想主義的というか過剰なナショナリズムを覆して、彼を国産派から輸入派に引き込まなければならなかったのです。そのためにはカネが要る……。

木村 二一億円。

高野 その二一億円という大きなお金が児玉に届き、児玉はそれを主としてどこに使ったかといったら、中曽根を国産派から輸入派に転換させるために使ったに決まっているわけですよ。

この使い途の解明は、ロッキード裁判のうち「児玉ルート」に委ねられたわけですが、児玉が死んでしまって、何もわからないまま闇に葬られたのです。

木村 灰色高官のトップが中曽根でしたね。

高野 推測の範囲でしかありませんが、それが一番わかりやすい事件の本筋であって、そこに行くだろうと僕らは当初から思っていたわけです。
ところが、結局、児玉が倒れるという思いがけないことがあり、他方ではP3Cを最終的に一〇〇機も買うという約束をして、すでに予算がついて年間何機かずつ買うということで輸入が始まってしまっているわけですから、今更途中で止めるわけにはいかない。そうなれば日米同盟上、大変な問題になるという考慮は当然働くでしょうし、その中心人物が中曽根だったというのでは、せっかく「金権田中」に対する「クリーン三木」ということで三木内閣になって、その大幹事長である中曽根がお縄になったのでは、三木内閣は一挙崩壊です。これは避けようという、それこそエスタブリッシュメントの側の判断が働くのは当然ですよね。だからそこですり替えられていった。

平野　田中首相・ニクソン大統領でP3Cをアメリカから購入すると決めた会談は、一九七二年の九月のハワイ会談です。

ですから田中が総理に就任したのが七月ですから、あの年の、ふた月の間に総理大臣が判断できるわけがないんです。佐藤内閣の前の防衛庁長官が中曽根です。ですからその時にもう、何を買うかということは、総理大臣の一声で決まるわけではないですから、官僚のいろいろな駆け引きとかあるわけで、ニクソン側と中曽根で決めたのではないかと思います。だからＰ３Ｃの話は田中の疑惑ではないか、という先ほどのＮＨＫの番組はおかしいのです。

高野　その通り。せっかくＰ３Ｃに焦点を当てながら、むしろ真相を隠している。

児玉誉士夫証人喚問を潰すための恐ろしい策略

平野　いわゆるエージェント（秘密代理人）だった児玉を国会にどうやって出すか、ということが最大の問題になりました。当初、野党は予算委員会で児玉を中心に複数の人間の証人喚問を要求するわけです。最初は小佐野は入っていなかった。もちろん当時の自民党は反対するわけですが、ところがある時期に突然変わる。私はある記者からの情報で、三木と中曽根が児玉の喚問を受け入れることに決めたことを知りました。

それで私は前尾議長のところにそれを報告しに行ったら、前尾さんは怒るわけです。なぜなら前尾さんは主税局長のころ、造幣局長に飛ばされたあとで証人喚問をされているんです。

その時には、田中さんが前尾さんの証人喚問をしたんですよ。前尾さんが飛ばされた理由が、ゼネコンの脱税を見逃さなかったという正当な行為を証言するんです。ところが証人喚問制度というのはアメリカでは事実の証明ということで厳格にやっていますけど、日本ではとてもそんなふうにはやれない。日本の証人喚問は、悪いことをしたことを白状させるためなんです。弁護士を連れていくわけでもないし、反論もできないというヘンテコなもので、これを整備するまでは使っちゃいかんということで事実上証人喚問は凍結していたのです。それを突然、自民党が了解したもんだから、前尾議長が、自分の体験を含めて、それやめさせろと僕に言うのです。

それで三原朝雄さんを通じて、自民党に撤回させようとしましたが、もう聞かないわけです。すでに三木・中曽根で児玉も含めて証人喚問をするという時に、児玉については出さないということを前提とした裏合意ができているのです。それでは、児玉を出さなくするためにはどうするかということで、児玉の主治医だった東京女子医大の喜多村孝一教授（当時、故人）の出番となったわけです。

高野　大活躍なんですよね。

平野　そう、喜多村教授の大活躍が出てくるわけなんです。それで証人喚問をする。証人喚問というのは予算委員会で決定して、議長の名前で衆議院として喚問するんです。したがってそれを断る場合には、当事者から議長に断るわけですね。それで案の定病気だということで議長に、奥さんは喚問に応じられないという診断書を付けて出すわけです。僕は議長秘書だから、その決裁をもらいに行かなければならないわけです。そうすると前尾さんが僕に説明せえっていうわけですよ。でも医者の診断書の説明なんかできるわけないじゃないですか。そうしたら、「おまえ、医者の息子で二年ぐらい医学系の学校に行ってたじゃないか。このぐらいのことはわかるだろう」って言う。「こんなことはあり得ない」って、決裁しないと言うんですよ。

だけどこれは通知だけで議長が了解したという話じゃないのだから、あとでまた議論すればいいのですからと、三〇分ぐらいかけてようやく決裁をもらって、それで予算委員会の理事会でまた揉めるわけですよ。それじゃあ、医者を児玉のところに行かせて、本当に来れないかどうか真偽を確かめようという時に、児玉の主治医である喜多村医師が「記憶が錯乱する」注射、つまり児玉をほとんど死に体にする注射を打つわけですね。

高野　国会から調査のための医師団を児玉邸に派遣する、その日の朝に喜多村教授が行ってますよね。

平野　その時、喜多村教授の下で助教授をやってた天野恵市さんが、それじゃ死にますよと言うわけで、猛反対するわけですよ。

木村　そのことを天野さんはあとから書かれていますよね（『新潮45』二〇〇一年四月号に載せた手記）。

平野　結局私は、三木・中曽根で証人喚問に応ずるということを決めた時、児玉についてはこうするというシナリオはもうできていたんだと思うのです。それで児玉の秘書が中曽根の元書生の太刀川恒夫で、彼がそれを仕切っているわけですから、中曽根側と通じているわけです。議長に医師を推薦させて国会の医師団がチェックに行くという。これは容易なことじゃないんですよ。だから私は反対したのです。そしたら予算委員会の理事の小山長規が「みんな努力しているのに、おまえは潰すのか、秘書のおまえが潰すのか」って言うから、「それは議長の責任になるからダメだ」って反論したわけですよ。

結局、議長は人がいいから、いいよっていうことになって、その後派遣する医者の選定まで僕らにさせるわけですよ。だからいつ、どういう人が児玉邸に行くということは極秘事項なのです。そして、それは自民党の幹事長と国対委員長の了解がいるわけですから、その極秘事項を予め知っているのは自民党ですよ。それを喜多村医師に連絡すれば、簡単に組めることです。天野医師は勇気を出して暴露してくれたわけですよね。

当時私は児玉さんについては、林譲治さん（故人）から生前、あれが日本の自民党の政治を悪くした。その児玉を政治に関わらせたのは自分の盟友の大野伴睦だ、と聞いているんです。大野伴睦が岸政権の後継者になるっていう話があったでしょ。その中に児玉の名前もあるわけです。その話をした時に出た名前が渡邉恒雄、ナベツネですよ。ナベツネがそれに出てくるわけですね。彼らが日本の自民党政治を仕切ると聞いたものですから、私は児玉が嫌いだったんです。だから病気の話が出た時に、これは児玉の意志で出ないんだと私は最初は思ったんです。三木・中曽根の意志ではなく、児玉が中曽根をかばったと思ってたのです。

ところが天野さんからあとで聞くとどうもそうではない。天野医師は喜多村とは別に児玉を診断しているわけですから、いろいろ児玉と話しをしているわけです。児玉というのはやっぱり国士で、そんな卑怯な人間じゃないと。おそらくそんなに悪くなかったんだから、証人喚問には出たであろうと。証人喚問に出れば、本当のことを言っただろうというのです。そういうことを天野さんは想定して僕に話しをしてくれたわけですね。児玉というのをあまり悪く言うなという。要するに、中曽根側から政治的に謀殺されたんだという天野さんの証言を私は正しいと思って、情報公開に文句があるなら中曽根側からクレームつけてくるというので、ロッキード三〇年で前述した本を出して、それが向こう側の動きで潰されました。それを四〇年目で書き換えして、リニューアルして出したのですが、まだ向こうからは何も言ってきていませんね。

木村　児玉邸に右翼の男がセスナ機で突っ込むという事件（一九七六年三月二三日）もありましたよね。それについても天野さんも少し触れられていましたが、あの事故といいますか事件については、どういうふうに見ておられますか？

平野　私は最初右翼のちょっと突っ走ったのがやったのかと単純に思っていましたが、その後天野さんなどからいろいろな情報を聞いてみると、アメリカ側がやった可能性、示唆した可能性があるということも考えられると思います。

高野　そりゃそうですよ。あんな大きなことを簡単にできるわけがない。

平野　経費が相当かかりますからね。どこかにスポンサーがいたと考えるのが自然。ただあの時は、二階のセスナ機が突っ込んだところには誰もいませんでしたけどね。

木村　児玉だけでなく、天野さんたち医師団もいなかったから良かったんですが、もしそこに居合わせていたら……。

平野　彼らを殺すつもりだったという、そういう情報が出てきまして、なるほど、それも検討してみなきゃいかん情報だなというふうに僕はいま思っています。

事件の背景にあったアメリカ国内の東部系企業と中西部系企業との対立

木村　いま平野さんが話されたような経緯で、ロッキード事件を解くカギを握っていた児玉誉士夫さんの証人喚問ができなくなったことで、捜査の流れが変わることになりますよね。その後の国会での議論や、ロッキード事件をめぐる動きの中で重要なポイントになるのが、嘱託尋問調書の問題だと思います。ロッキード事件が発覚したのは、米国議会上院のチャーチ小委員会にいきなりどこからか段ボール箱でロッキード事件の関係資料が送られてきたことが発端となっていますが、海外の動きも含めてそのあたりの問題を高野さんはどう見ていらっしゃいますか。

高野　アメリカ国内の対立という問題があったと思います。この本でもそこにちょっと触れて、「角栄と多国籍企業」という一節がありまして……。

木村　高野さんの『田中角栄の読み方』の中に書かれていますね。

高野　第二四章です。石井さんの本には角栄がキッシンジャーにやられたという台詞が出てきますが、もう一説、当時流布された、「ユダヤにやられたよ」という説もあって、その後、角さんは地元に帰った時は、「東大と共産党にやられた」と言っていて、いろんなところにやられてしまったわけですが（笑）、非常に図式化して言うと、アメリカがベトナム戦争で敗北しました。その帝国の黄昏みたいな気分をアメリカが味わっているという中で、ニクソンのウォーターゲート事件も起こる。そういうことの延長上でこの一種の多国籍企業間の利権争いというようなことがあらゆる局面で起こってくるわけですね。チャーチ委員会の多国籍企業委員会で扱った多国籍企業とＣＩＡが絡んだ、全世界的な様々なダーティー工作というのは一一〇〇件に及ぶといわれたわけです。だからロッキード事件は決して日本単独の孤立した出来事ではないわけです。ですから、先ほど触れたように、田中角栄の資源ナショナリズムが米国から潰された、という特殊日本的な捉え方では不十分なのです。

例えばの話、お隣の韓国では、ガルフ石油が中国と韓国の間で決着がついていない東シナ海の石油掘削を始めて、その開発利権を得るために、当時の朴政権に莫大な献金をしたという問題が、これはもう日本のロッキード事件と同様にド派手に暴かれて、ガルフは結局、油田を放棄して撤退させられる。ところがその後にそれを引き継いだのはロックフェラー系だったという、あれっ、それ何?っていうような話なのです。

そこに典型的に見られるような、ロックフェラー・グループを頂点とする、当時よく「東部エスタブリッシュメント」なんて言われましたけど、東部系を中心とした既存のエスタブリッシュメント企業に対して、中西部の非常に荒っぽい、ロッキードもそうですしガルフもそうですが、主に中西部の新興の、荒っぽくて、CIAと結託して、外国の首脳とか王様とかをたらし込むなど何とも思わないでバンバンやる、そういう一連の企業群が台頭して、両者の抗争が激しくなった。

それはある意味ではアメリカ帝国の黄昏が始まってくる中で、東部の側のそれこそタテマエ民主主義の側からは、あまりに汚い工作が横行するのをクリーンにしないと、この先やっていけないという危機感が高まる。だけどそれに対してこっちの荒々しいほうがいまは元気があるわけですから、いろんな反撃も起こる。逆に東部の企業が中西部側から刺されたりするといった果たし合い状態が、あの時は米上院銀行委員会のプロクシマイヤー委員会ですかね。それとチャーチの多国籍企業小委員会と、この二つを舞台にしてもう錯綜して、告発合戦みたいなことになる。

それでイタリアではモロ首相が失脚をしただけでは済まずに、のちに殺されるということが起こるんですね。

木村　そうですね。モロ首相を誘拐・殺害したのは極左暴力集団の赤い旅団の仕業とされていたのが、実はそうではなく……。

高野　マフィアに殺されたのではないか。さらにはキッシンジャー元国務長官がモロを直接脅かしてる場面が裁判で公開されたりもした。とにかく全世界的な事態だったわけですよね。

日本に話を戻すと、そういう意味でロッキード事件というものは、同社が全世界的に展開していた強引かつダーティーな売り込み工作の一環だったわけです。何がダーティーかというと、やっぱりそれは児玉だと思うのです、日本の場合のキーマンは。CIAはこの右翼のゴロを長年にわたって飼って、岸信介などが自由民主党を創設する時の最初の資金も提供したり、F105戦闘機を売り込んだりするのに児玉を使ったのでしょう。なんで右翼民族派の巨頭が親米でCIAの手先にまで成り下がるのかは不思議ですが、結局「反共」ということなのでしょう。

木村　CIAとの関係で言えば、自民党だけでなく民社党の結党資金もCIA資金が流れたと言われていますが、チャーチ委員会のフランク・チャーチ氏もＣＩＡとの関係が深い人であったと、石井一さんが先ほどの本（『冤罪 田中角栄とロッキード事件の真相』）の中で指摘されております。

占領下に構築された日本の検察とアメリカとの太いパイプ

木村　最初に三木首相の発案で、日本政府の側からアメリカ側に捜査資料の提供を求めて、その時にアメリカ側から届いた資料には田中角栄の名前も一切なかったということです。そして新たに求めることになったのが、この嘱託尋問調書であったということで、これは日本の刑事司法にはない司法取引であり、反対尋問もないということで、明らかに憲法違反、刑事訴訟法違反の内容でした。しかし、証拠能力を果たして認めていいのかという代物だったにもかかわらず、それが田中さん逮捕の大きな武器として使われていくという経緯があったと思いますが、この嘱託尋問調書について、少しお話ししていただけますか。

平野　実はなぜ日米間であああいう憲法違反で、もちろん法律違反でメチャクチャなことをやったかということの背景がありまして、これは私が政治家になってから、非常に優れた外務官僚に言われたことですが、とにかく法務省が、特に検事をワシントンの日本の大使館に送りすぎていて異常だというのです。それから警察官も同様です。そのようなことを、ずっと以前からやっていたというのです。ですからこれを、なんとか国会で取り上げてくれないかと頼まれたのです。この外務官僚の言葉には、外務省の縄張りが侵されるからという思いがあったともとれますが、しかし、ここには重大な問題があると私は思います。

ロッキード事件の発生も一つには、そういった背景がある。要するに日米安保があってのことかもしれませんが、ある時期からアメリカと日本の捜査当局というのは一種の仲間になっているのです。それで自分たちが世界の秩序を守る、特に日米の在り方を決める、そういう猛烈な特権意識を持っている。だからそういう連中が検察の次々と幹部になっていく、検事総長あたりみなそうですよ。

高野　そのはじまりは、それこそ戦後地下帝国の構造問題とも関わることですけれども、GHQは最初は戦前に異常に強い権限を持っていた検察を潰して、法廷検事、警察から事件を送検されたらそれを裁判で争うというだけのものにまで検察権力というものを削ごうとした。それに検察は陣容を挙げて激しく抵抗して、直接GHQに交渉までして、これはそれこそ先ほど申し上げた『真相』などにさんざん出て来る話なのですが、旧日本軍が隠匿していた膨大な軍用物資を摘発して、金銀財宝を全部GHQに貢いで特捜部の存続を図った。それで、アメリカとの一種の蜜月関係というものが生まれて、そしてワシントンの大使館にも検察官のポストが常時設けられ、そこが日米捜査当局の接点になっているということになったわけです。平野先生のおっしゃった通りで、そこを通った人が一番出世するシステムがつくられたんですね。

木村　孫崎享さんもＩＷＪの岩上安見さんのインタビュー記事「東京地検特捜部とアメリカ」などで同じ問題を指摘されていまして、特捜部長になる人はだいたいアメリカに研修に行って、ＣＩＡ、ＦＢＩなどでちゃんと研修を受けた者しかなれないということがあります。あるいは矢部宏治さんも鳩山友由紀夫元首相との対談（週プレＮＥＷＳ二〇一四年一二月一五日）や、新著『知ってはいけない　隠された日本支配の構造』（講談社現代新書）でも指摘されているように、日米合同委員会という、安保・基地政策だけでなく、日本の中枢の最重要政策を決める隠された組織があって、その日本側の官僚のトップには検察出身者がかなり多く占めていると指摘していますね。

平野　それで堀田というのが暗躍したでしょ。

木村　堀田力・東京地検元検事ですね。

平野　彼が書いた本（『壁を破って進め〈上〉〈下〉私記ロッキード事件』講談社）があり

ますけど、いかに法律違反し、憲法違反をしたかということのストーリーなんですよ、あれ読むと、僕の立場から読めば。こんなことが日本という法治国で許されるのかという思いです。
一切反省していない。だからよくこんなこと書いたなと思いますね。自分たちのやったこと、違反をしたことをそのまま語っていますから。

高野　そう、難しいところをいかに自分たちは工夫したかというふうに語っている。

平野　それで嘱託尋問を成功させるために、三木とフォード大統領会談まで、その問題を持ち込んでいる。検察がそんな馬鹿なことをやることが、だいたい職務権限違反なんですよ。

木村　三木首相はその件でアメリカに親書を送っていますしね。

いまだ不可解な点が多い角栄への金銭授受

平野　私の仕えていた前尾議長は、稲葉さんの前任の法務大臣でした。ですから前尾さんは、法務当局にものすごい信頼がありました。それでしょっちゅう刑事局長が相談や報告に来るわけです。私もその場に呼ばれたり、それから私が当時の刑事局長をチェックしたりしたわけです。最終的には検事総長も来た。

木村　その刑事局長は誰ですか。

平野　安原美穂。前尾法務大臣時代の秘書課長です。最終的には田中を逮捕するかどうかという相談も、布施健検事総長が前尾議長のところへ相談に来ました。

木村　それは驚きますね。

平野　それは本にも書きましたが、そのくらい彼らは、はめをはずしてるんですよ。中曽根幹事長が民社と国会正常化で話をつけて、検察の面子を潰して、田中を政治的に葬ろうという情報を聞いたと、安原が議長公邸の前尾議長のとこへクレームを付けに来るわけです。何も知らない前尾議長が電話で、「何やってるのか、すぐに来い」って私に言うわけです。要するに稲葉がそんなふうに話をつけたんですよ。それで僕は安原さんに言ったんです。「局長、何言ってるんだ。そんなことをやっているのは稲葉法務大臣だ。帰って文句を言いなさいよ」って。

木村　稲葉法務大臣がやったことは、まるで逆の指揮権発動ですよね。三権分立を否定するような……。

平野　そりゃ、だから法治国家なんてもんじゃないですよ。

高野　ないですね。

平野　だから法務大臣がそれだから、裁判所のほうがおかしくなるはずです。

木村　田中さんを摘発して、中曽根さんを見過ごすというような指揮権発動ですからね。だから稲葉法務大臣だけの判断でできたことではないので、三木首相も中曽根幹事長も一体となって行った可能性が高いということですよね。

高野　もちろんそうですね。

平野　だからあの嘱託尋問のプロセスは最終的に、ほら、ここにありますように、最高裁が最終的にあれは憲法違反だと認めたんですね。

高野　否定せざるを得ないですね。

平野　そりゃ、否定したんだからね。またそれを文句言うジャーナリズムがいないでしょ。

木村　最高裁がやったことを最高裁自体が否定したということになりますね。

平野　それはどういうことなんですか。それ江戸時代にもないと思いますよ。

木村　そして田中さんを有罪にした地裁、高裁の判決は、そのまま……。

平野　カネはもらっているのは間違いないという論理で。

木村　それを無効にはしないんですよね。嘱託尋問調書の証拠能力を否定しても、最終的には金銭の授受はあったのだということなんですが、五億円の賄賂を田中角栄さんが受け取ったとされる金銭授受の問題については、どういうふうに見ておられますか。

平野　私は最初、自分は田中さんの五億円授受の問題については、よくわからないというスタンスでした。しかし法律の適用から言えば、これは嘱託尋問がやっぱりもらったという判決ということの根拠だから、これを消すべきだという主張だったのです。その後いろいろな情報、事実関係などが聞こえてきましたが、昭和四九年（一九七四年）に参議院選挙をやって、大変な金権選挙になります。その時に田中さんが集めたカネが三〇〇億円な

んですよ。（笑）

高野　すごいね。（笑）

平野　それでその三〇〇億円をどういうふうにして集めたか。それは、いろいろあるでしょう。正式な献金もあろうし、いろいろあったと思っています。その中にロッキードのお金が入っているかもしれないという先入観があったのです。それでおそらく選挙資金ですから、丸紅からもどこからも来たと思うのです。そこらへんにカネが渡っているというならば、おそらくその三〇〇億円の中にロッキードのカネが入っているとの主張になるでしょう。ならば、いつどこで誰が三〇〇億円の中に入れたかということを証明しなきゃダメじゃないですか、有罪と残しておくならば。

それを僕は、最近は主張しているわけなのです。いまでもそれは司法が明確にすべきことじゃないかと思います。

木村　お金の授受については、裁判の後半になってから何人かの関係者の方々が否定されていますよね。

高野　そうですね。だからその四回の授受に関して、一つは全体の日付がむしろＰ３Ｃの工作が進んでいるのと同時期に、ピーナッツ領収書というのは出ているという問題で、トライスターだとすると、事後支払いというのはおかしい。なんで一年も経って賄賂を渡すのか。

木村 しかも分轄支払いで。

高野 そう、分轄支払いでね。そんな話は聞いたことないですよね。普通は事前に渡すものだから。

平野 出来高払いじゃないですか（笑）。

高野 検察が失敗したのは、事前事後の時期のずれと、それともう一つはなんで路上で渡したりするのかという点。

木村 場所の問題ですよね。四回のうち、三回が路上で行われたということですよね。

高野 路上というのは異常ですよ。そんな賄賂って空前絶後ですよ。

平野 実は一回目の英国大使館裏の路上での授受のタイミングの問題に私が関わっていまして……。

高野 そうなんですか。

平野 「裁判所の証人に呼ぶぞ」って、検察に言われたことあるんですよ。一回目の授受が、コーチャン（ロッキード社副社長）ではなくて、クラッター（元東京事務所代表）ですか。

木村　クラッターだと思います。

平野　そのクラッターから秘書の榎本（元首相秘書官・榎本敏夫）へ、一回目一億円の段ボール箱が渡されたといわれた。その時間がちょうど会期延長、再延長をやってガタガタもめて、前尾議長が与野党の国対委員長を集めて国会正常化の交渉をやっている協議中の時間なんですよ。それでその時に榎本首相秘書官は院内の総理秘書官室にいたということを、後藤田と山下元利副長官が確認しているわけです。それでそれを後藤田・山下両氏が裁判で証言したわけですよ。そうすると前尾議長が確かに与野党国対委員長会談をやっていたかどうかということを証明することが必要だ、ということを弁護団が検察に言われて、それで事務局に話が来るわけです。すると当時の事務総長が腑抜けだから、政党間の話し合いは事務局が証明できないって言ったわけです。それであの時議運の理事だった小沢一郎が来て、「困ったよ。なんか証明するもんがないか」って言うんです。それで、私、ずっと記録を付けていたから、私の記録の中に時間が出てきたんですよ。

それを資料として小沢を通じ山下元利に渡して、山下元利はそれをまた弁護団に渡し、弁護団がこれを証拠として採用しろと言って検察に言ったわけです。検察から私のところへ電話があって、「おまえ、田中からいくらもらったか」とこう言うわけ。

高野 おおー、疑い深い。

平野 そういう乱暴な検察なんですよ。私は、「ふざけるな」と。「俺は真実を追求する裁判に協力してるんだ。何を言うのか」と怒鳴りつけたんですよ。やっぱり出世しようと思わん役人というのは強いですよ、そういう時には。そしたら、「じゃ、裁判所に来てもらう。証言してもらう。それでも構わんかと。ロッキード事件で田中無罪に協力したら、おまえはどうなるかわかっとるか」とこう言うんですよ。

高野 すごい強圧。

平野 ただその人の名前を確認しなかったから、私もうっかりしていましたけどね。「いいよ。何でもやってやる。呼ばれたら行ってやるけど、でも、法務省でもいいし誰でもいいから、政府委員室に行ったら重要な会談だからどこかに記録があるはずだから、それを調べてからこっちに言え」と言ってやったら、それから何も言ってこなくなったんですよ。それで二、三日経って、無罪情報が流れ出したのです。

そのころ、前尾さんは入院していたので、他の連絡もあって正午過ぎに私が病院に行ったら、「君らの勝ちだよ、無罪だな」と言うので、「君らとはなんですか」と私は言ったんですよ（笑）。彼は、私の立場をそういうふうに理解していましたから。テレビのニュースでも、前尾議長の名前が出て、会談をやっている時の授受はあり得ないということで、すっかり無罪の雰囲気になっていたんです。ところが、しばらく経ってあの蜂の一刺しですね（笑）。あれだって明確なもんじゃないんですよ。

高野　ほんとにそうですね。

木村　榎本元首相秘書官の奥様だった榎本三恵子さんの発言ですね。

平野　あれも結局、他の余罪、問題があって脅かされたみたいですね。だから何から何までデタラメなんですよ。だって立法職の職員にいくらもらったんだ、なんていうことを言うなんてね。特捜の検事だと思いますよ。

木村　そこがちょっと謎ですね。またロッキード事件で非常に闇の部分でいえば、何人かの関係者の方が亡くなられていますよね。児玉さんの通訳をされていた福田太郎さんも亡くなられていますし。

平野　福田太郎さんは田中さんに有利な証言をしていたでしょ。

高野　そうですね。

木村　田中さんの運転手の笠原運転手や日経新聞の記者も亡くなられているとか、あと日商岩井の島田常務とかも亡くなられていますよね。非常に不可解なかたちで、そういう何人かの死者を出しているのが、ロッキード事件のやりきれないところですね。

自民党政権を守るために犠牲にされた田中角栄

木村　次に大事な問題となるのが、丸紅から請託があったかどうかについてです。これについても公判で証言をして、そんなことはなかったというような証言も出ているとも聞いていますが。

平野　何か他のことで丸紅の檜山廣会長が田中に挨拶に行ったら、「よっしゃ、よっしゃ」って田中が片手を挙げたっていうんでしょ。指は五本ですから、それで五億円になったっていうんでしょ（笑）。それを検察が両手を挙げて証拠にしてるわけでしょ。

高野　弁護団からは、「よっしゃ、よっしゃ」って越後人の言葉ではないって反論がありましたけどね。

平野　それで五億円を要求したっていうんだから（笑）……。

木村　よく言われる「鶴の一声」があったという、小沢さんの事件の時にも使われたのとあまり変わらないですね。

高野　すべて無理を重ねてでっち上げて、結局検察にとってはピーシーズ領収書が唯一の物証ですから、そこが成り立つようにすべてを組み立てるということであったわけですよね。だから四回の授受というのもそうだし、四回の授受の何回目でしたっけ？　あのホテルオークラの駐車場での受け渡しというのは。あそこは一階の宴会場入口と五階ホテル・ロビー入口の両方に駐車場があるんですが、検察は駐車場で受け渡ししたという自白を強要したのはいいんですが、その現場見取り図を描かせるのに五階のほうだと思い込んで「こうだろ、ここだろ」と誘導して描かせてしまった。ところが、オークラで宴会がある時に五階に止める人はいなくて一階と決まっていて、そんなことは僕らでも常識と知っていますよね。ところが検察官はねえ、清廉潔白ですから、ホテルオークラで宴会することもないでしょうから、駐車場が上と下に分かれていることを知らなかったのですね。それでまったく架空の図を描かせてそれを証拠として提出した。

木村　それは決定的な間違いですね。

高野　あれ結局、裁判上でどういうふうに処理したのかな。マスコミでは、上と下を間違えているって、もう笑い話になって、僕らも検察がいかにデタラメで自白強要しているかの動かしがたい証拠だと言い立てましたが、あれはどうなったんですかね。まあ検察の知能程度ってこんなもので、デッチ上げの専門家なんですよ。検察の調書なんてつくり話というけど、つくり話もいいところで、童話作家が紡ぐおとぎ話みたいな、無理を重ねた話を屋上屋を重ねてったということですよね。

木村　そもそも田中総理に職務権限があるのかというのも問われていますよね。

高野　そうです、その通りですね。常識で考えて、民間航空機の導入というのは、会社としては経営見通しや顧客獲得予測から始まって、調達コストとかメンテナンスの便宜性とかいろいろ考えた上で、最後はパイロットがテストして技術的な観点から判断して決めるのでしょう。そこに総理大臣や国交大臣が口を出して「こっちの機種にしろ」なんて口出しすることはあり得ないし、いままでそんなことが起きたことはない。それがトライスターに限ってどうして総理大臣が登場するのか。子どもが考えてもわかるこんな幼稚なプロットを検察が描いて、マスコミも誰も「馬鹿げている」とは言わない。どうしてかと言えば、田中角栄は悪い奴なんだから、多少検察のやっていることが変でもそれに逆らうのは反社会的だよね、などと思ってしまう記者が多いからなのでしょう。

平野　それからＰ３Ｃ導入決定の真相がわかったら、ロッキード事件はほとんど解明されたと思いますが、私、Ｐ３Ｃで児玉が二一億円、これもう事実として……。

高野　事実としてあるわけです。

平野　それで、それの所得税法違反で児玉は終わったわけです。

高野　でも、そのカネはどこに行ったのかということですね。

平野　私は、そこのカネは中曽根だけじゃないと思っています。

高野　もちろんそうです。

平野　要するに自民党のいろんなところに入っていると思いますよ。

高野　相当広いと思いますよ。

平野　だから本来ならば、特捜はこれをやらなきゃダメですよ。これをやっていたら自民党政権が続くことはなかったと思いますよ。

高野　そうですね。

平野　それを自民党政権を守るために、三木・中曽根がある意味でＰ３Ｃを守って、田中さんを犠牲にしたという、そういう構図だったと僕は思いますね。これがロッキード事件の一つの本質です。

高野　その通りだと思います。

木村　また、ロッキード事件に関連してですが、一九七九年にダグラス・グラマン事件で、E2Cという早期警戒機をめぐっての汚職疑惑も出て来ますよね。その時も中曽根さんの名前が出るのですが、検察の追及の手は一切及びませんでしたね。

平野　あの時、日商岩井の海部さんが国会証人に出た。海部証人の手が震えてサインを書くというシーンもありましたが、自民党で証人喚問をやったのは石井一なんですよ。実はあの時、証人喚問尋問の原稿を書いたのは私なんですよ。

木村　そのお二人がいま、ロッキード事件の本を書かれているんですね。

平野　事務局がやっちゃいかんことだけど、自民党の連中も自分ではなかなか書けないわけです。僕はその時に、海部さんも石井さんも同じ世代なので、これだけは言ってくれと石井さんに注文付けたんです。「われわれの世代は戦後の発展のため企業戦士として一生懸命頑張ったんだ。不幸にしてこういう事件で証人に呼ばれているが、あなたもやっぱり一生懸命仕事をしてきたことは知られているし、不本意だろう。しかしここで、真実を話してくれ」とね。そうしたら証人喚問の時に、それをそのまま読んでくれましたよ。そして海部証人も誠実に証言した。われわれ事務方はそれが楽しみでね（笑）。

第２章

小沢事件にみる日本の民主主義の危機

いまだ解明されない小沢事件をめぐる様々な謎

木村　「戦後最大の疑獄事件」ともいわれてきたロッキード事件に対して、「戦後最大の政治謀略事件」ともいえるのが小沢事件でしょう。

小沢事件とは何であったのかについて、最初に私のほうから少しまとめて話をさせていただきます。この小沢事件（あるいは小沢問題）ともいわれる、小沢一郎氏をめぐる「政治とカネの問題」は、西松建設事件（二〇〇九年三月三日の小沢一郎議員公設第一秘書の大久保隆規氏逮捕）にはじまり、陸山会事件（二〇一〇年一月一五日の石川知裕議員、大久保隆規氏、池田光智氏ら三人の秘書逮捕）へと続き、小沢裁判（二〇一〇年九月一四日の東京第五検察審査会での二度目の「起訴相当」議決による強制起訴）へと展開しました。結局、西松建設事件は裁判途中の不可解な「訴因変更」によって事実上立ち消えとなり、陸山会事件では、小沢一郎氏について二〇一二年一一月一九日に無罪判決が確定しました。

しかし、三人の秘書裁判では二〇一三年三月一三日に控訴審でも再び有罪判決が出されて、元衆議院議員でもあった石川知裕氏だけが上告したものの、最終的に最高裁で有罪が確定する結果となりました。とはいえ、小沢事件の発端や検察審査会をめぐる捜査報告書の捏造をはじめとする様々な謎はいまだに解明されずに残されたままであり、まだ最終的な決着はついていません。

この小沢事件との関連で注目されるのが、二〇〇九年九月の福島県汚職事件と二〇〇九年二月の郵便法違反事件です。まず福島県汚職事件では当時の知事であった佐藤栄佐久さんが「国策捜査」の対象となっていますが、『20人の識者がみた「小沢事件」の真実』（鳥越俊太郎・木村朗監修、日本文芸社）にも小沢事件との類似性について書いていただいています。この福島県汚職事件が小沢事件との関連で注目されるのが、

1．両事件を指揮・担当した東京特捜部の幹部（特捜部長から次席検事となる大鶴基成氏、特捜副部長から特捜部長となる佐久間達哉氏）が重なるという点、

2．福島県知事汚職事件で偽証をした水谷建設元会長の水谷功さんが「小沢氏側に５０００万円」を渡したとの証言が小沢事件の有力な根拠となっている点、

です。

次に郵便法違反事件では、当時の厚生省の局長であった村木厚子さんが逮捕され矢面に立たされたわけですが、大阪特捜部の本当の狙いは実際に口利きしてそれをやらせた政治家として名前が挙がっていた当時の民主党副代表であった石井一さんでした。また、郵便法違反事件の裁判の過程で証拠資料のフロッピーディスクを改竄したという前田検事が、この福島汚職事件と小沢事件の際には大阪地検から東京地検に派遣されて捜査・裁判などに関わったことも明らかになっています。

このように東京と大阪の両特捜部がそれぞれ小沢事件というか民主党幹部を対象とした「国策捜査」に関わっていたというのは大きな問題だと思います。なぜなら、こうした大物政治家（国会議員）を捜査対象とした重要事件は検事総長マターで、東の東京の特捜部も西の大阪の特捜部も、すべて一括して連動していた可能性があるからです。

さらに言えば、この小沢事件を単なる「検察の暴走」や通常の「冤罪《えん》」とだけ見ていいのかという問題もあると思います。そうではなく、当時の政治の中枢、官邸や法務大臣が関わっていた可能性があるのではないかということです。西松事件がはじまった時に当時の漆間巌官房副長官（元警察庁長官）が「この西松建設のマターは自民党議員には及ばない」とオフレコ発言をして、それがあとでメディアを通じて表に出ました。また、当時の麻生政権で法務大臣だった森英介氏が「大久保秘書逮捕は実は自分がやらせたんだ」ということをある財界人の会合の席で言って、そのことを直接参加者から聞いた平野さんがその問題を告発されようとしたという話もあったということですね。

さらに小沢裁判については検察審査会の存在が非常に大きなカギを握っていますが、検察による捜査報告書の改竄という重大な問題だけでなく、検察審査会自体の在り方に非常に大きな問題があるように思われます。例えば一一人の構成メンバーの平均年齢があまりにも若すぎるような年齢であっただけでなく、それを指摘されたあとで二度も訂正されるとか、小沢一郎氏と菅直人氏が争った二〇一〇年九月一四日の民主党代表選挙の時に議員投票の直前にNHKが二度目の起訴相当議決が出されたと突然発表したことで議員票が動いたともいわれています。実際に検察審査会で正式な議決が出されたと発表するのは一〇月四日のことです。検察審査会というのは、顧問弁護士立ち合いで審査会を開かないといけないということで、八月の終わりに顧問弁護士がようやく決まって、これから審査会を何度か開いて、一〇月中旬以降に二回目の議決が出るだろうと九月一〇日前後の大手紙が一斉に報道したという事実があったにもかかわらず、なぜか九月一四日の段階ですでに二回目の「起訴相当」議決が出されたというような発表がなされたという不可解な出来事がありました。言うまでもなく検察審査会の事務局を担当しているのは最高裁事務局であり、最高裁との関わりというのも実は大きな謎として残されているのではないかと思います。

この小沢事件について、小沢一郎さんは田中角栄あるいは金丸信に次ぐ後継者であり、金権政治家というありがたくないレッテルも貼られて、小沢さんの事件では最終的には無罪判決は出たものの、実際にはそうではないんじゃないかという印象操作が今日に至るまでされているという現状があります。

この事件について、小沢さんの身近におられて事件・裁判をつぶさに見られてきたばかりでなく、二つの重要な著作『小沢一郎 完全無罪――「特高検察」が犯した7つの大罪』(講談社+α文庫)や『真説！小沢一郎謀殺事件』(ビジネス社)も書かれておられる平野さんからこの小沢事件をどのように見られているかを語っていただければと思います。

官邸や法務大臣も小沢抹殺に加担していたのか

平野　初めてしゃべる話がいくつかございます。これがびっくりするような話だと思います。最初、おっしゃった小沢事件と、福島の佐藤知事事件、それから郵政不正事件は、因数分解できます。しかし福島の知事の事件と郵政の事件とは、つながりの次元が違います。これをいっしょくたにするとわからなくなります。それをまず言っておきます。

初めてお話することですが、実は西松建設事件の本丸は長野の村井仁知事だったんですよ、外為法から来る。西松建設事件に関連して東京地検特捜部の事情聴取を受けていた村井知事の秘書が自殺しますね。それで村井知事は僕もよく知っている人だけど、その事件が捜査できなくて、さて、どうするかという時に、西松建設問題が小沢のほうに飛び火する。小沢陸山会に来るわけです。実はあの年、二〇〇九年の二月中ごろ、漆間官房副長官のところに千葉県警時代に同僚だった、スズキ何某という防衛庁の職員でその後は参議院議員にもなった男が私の知人を連れてある用事で行くんですよ。それは何のためかというと、彼は政府関係のコンピュータソフトの優れた技術者で、アメリカに防衛庁関係のソフトのことで打合せに行くのに、アメリカの便宜をいろいろ官邸から取ってもらうための要請、挨拶に行くんですよ。

そこで漆間さんが協力してくれることになって用件が終わって、その後は雑談になって、そのスズキという防衛官僚の元同僚が、「ところで今度はいよいよ自民党も終わりですな。小沢民主党が政権交代するんじゃないですか」という話を切り出したら、漆間がこう言ったんですね。「麻生政権は続くよ。ちゃんと手を打っておくから心配するな」と言ってるんですよ。これが私が知り得ている情報第一報なんですよ。

それから半月ぐらい経って、三月の末に千葉県知事選挙があります。この時の千葉県の知事選挙は堂本暁子さんが辞めて、堂本さんの後継者でいすみ鉄道の社長をやっていた吉田平さん、関西大教授で白石真澄さんという公明から出た女性とか、それから俳優で元衆院議員の森田健作さんが立候補します。その知事選で当初民主党は白石の推薦を決めていました。白石は自民・公明の推薦も予定されていました。千葉に自・民・公推薦の知事ができることは、総選挙を目前にして問題であり、また、この構想には羽田の埋立の疑惑があり、私が堂本知事の要請で民主党推薦を潰し、いすみ鉄道の吉田平さんを民主党の推薦候補としました。自民党は推薦候補がいなくて、森英介法務大臣は吉田氏が東北大学の工学部の先輩後輩で、また堂本も東北大学ＯＢですから、個人として民主党といっしょに推したわけよ。事務所開きが三月一日にあって、私もそんなとこへ出るのは嫌だったけど、顔出してくれというので行ったわけです。

もともと僕は森英介法務大臣の両親やおじさんも含めてうんと親しいんですよ。本人ももちろんよく知ってるんですよ。

高野　森一族ですね。

平野　それで森英介はおっちょこちょいだから、堂本知事と僕が初対面だと思っていたわけですね。堂本も私もいたずらっぽいから、私らは四年いっしょに参議院で議席が隣だったけど、とぼけてたわけですよ（笑）。そしたら森英介が僕を堂本知事に紹介してくれるわけよ、その紹介がこうなんですよ。「日本の政治をメチャクチャにしたのは小沢一郎だと言われているが、しかし本当に悪いのはこの人だ」と言って、堂本に紹介するわけよ（笑）。堂本が「平野さん、そんなにあんた、悪いんですか」という話になって、またその森法務大臣のものの言い方が、小沢に何かある感じで、ものすごく気になったんですよ。

そしたら三月三日に突然、西松建設の政治資金規正で小沢事務所を捜査して、大久保秘書を逮捕したわけです。小沢事件はそれから始まるわけで、だからそれは完全につながっていくんです。

そして私がここで言いたいことは、しばらく経って、全日空の役員をやっていた男で別会社の社長になっている男から、実は経済人と森法務大臣との懇親会があった話を聞いたんです。その懇親会の食事の席で、「大久保逮捕は俺が指示したんだ」ということを森法務大臣がみなの前でしゃべってるわけ。それを私に教えてくれたわけです。そこで私は彼に、以前から小沢ファンでもあったから、「いま教えてくれたことを、表の席で言うてくれないか」と頼みましたが、「それはなかなか立場上、また、自分の会社のこともあるからダメだ」と断られたわけですよ。

それで強制的なものを使えば出てくれるだろうと思いまして、僕が朝日のCATVに出演する機会がありましてね。鳩山邦夫さんの秘書をやってた上杉隆さんが司会で、突然「爆弾落としていいか」と言ったら、「どうぞ」と言うから、その話をしたわけです。そうしてそれが放送されたら、森事務所から「再び言ったら法的措置をとる」という文書が弁護士名で来たわけです。これはおもしろくなったと思いまして、それで僕はそのころ民主党で小沢問題の大将だった辻恵衆議院議員（弁護士）に、「民主党の議員懇談会でいいから、おまえのやっている司法をよくする会で俺を呼べ。そこにテレビも入れて、俺がしゃべるから。それで森英介から俺に訴訟させろ。俺を被告にさせろ」と言ったのですが、なかなかうんと言わなかった。しかし辻恵も大したもんですよ、僕がちょっと脅かしたら、やりますって言って具体的な日にちも決めてくれた。ところがそれが実行できなかったのです。というのも、その日が鳩山さんが辞める日にたまたまぶつかったのです。それで未遂に終わってしまった。

もしあれをやっていたら、非常にインパクトがあったと思いますよ。何しろ麻生・森・漆間、それから検事総長も関わっていますから、全部公の場に引きずり出せたわけですよ。

木村　あの時は樋渡利秋検事総長でしたね。

平野　悪い奴ですよ。漆間と東大の同級生。それでその話の続きとしては、最終的に小沢が無罪になった時に、参議院の会議室で市民集会開いたんです。それで終わって僕が廊下に出たら、森法務大臣の話を聞いた企業人とばったり出くわしまして、「あなた、こんなとこに来ていいのか」と言ったら、「あなたに言われたことが実行できなくて、もう心がずっと痛んでいた。数年かかりましたが、本当に無罪になってよかった。せめて自分は自分の心の癒しをするためにこの会合に出ました」と言っていました。だから彼の言っているのは本当のことなんですね。そういうことがありました。

自民党以上にあくどかった民主党による小沢潰しの手口

平野　それから実はもう一つ、きな臭い裏話があります。自民党政権が仕組んだ話はいまの話。麻生政権の国策捜査は政権交代阻止で議会民主政治の否定だが、自民ならありうる話。しかし、諦めも早い。あとは菅政権が仕組んだ話があるんですよ。検察審査会を使ったやり口、あれが一番たちが悪い。この真相を、今朝情報を入れてくれた人がいますけど、実は二〇〇九年、鳩山政権が辺野古問題でいろいろ苦労している時に、何が起こったかというと、それ以外の問題で、蓮舫が得意のあれをやってましたな……。

高野　事業仕分け。

平野　そう、仕分け。その仕分けの中で一つ、法務省関係の仕分けの問題が出てきたんです。それは法務省の外郭団体で民事法情報センターというのがあるんです。ここの理事長が香川保一という人物で、この人物は元法務省民事局長です。そして最高裁判事なんですよ。それから法務省の官房長なんかもやったんです。この香川という人物が不正をやっていたという疑いが、仕分けで出てきたわけです。そこでこれを一回だけ民主党の竹田光明という議員が取り上げるわけですよ、衆議院の法務委員会で。それで法務省と、最高裁はびっくりしたわけです。最高裁の判事がそういう不正、それも相当な不正をしていたとなれば、大変なダメージになる。

この時の法務大臣が千葉さん。それで仙谷国務大臣・国家戦略大臣のところに泣き込むわけですよ、いわゆる民主党の弁護士。そこでこれはなんとかせにゃいかんなということで、その年の五月八日、質問したのは四月一六日ですけど、五月八日に突如として民事法情報センターが解散するんですよ。

高野 ふー、すごいね。素早いね。

平野 そこで結局、最高裁と法務省は、仙谷に大変な借りをつくるわけ。ここが問題の発祥なんです。そして実は、その年の四月二七日に第五検察審査会が一回目の起訴相当を議決するんです。そこで六月の二日には鳩山首相と小沢幹事長が辞任して、それで菅首相、枝野幹事長体制に代わるわけです。そこで菅が小沢排除を公言するわけでしょ。

木村 記者会見で「小沢氏にはしばらく静かにしていただきたい」と言いましたね。

平野　小沢排除を菅に知恵つけたのは、毎日の長老で亡くなったなんとかという人、特別顧問なんかやっていた山口県出身の有名な人と、朝日の星浩と記者仲間で言われている。

高野　岩見隆夫？

平野　岩見隆夫。その岩見と星が菅に、「小沢排除したらあんたの人気上がる」って。それに乗って、小沢を排除するのは結局審査会。どうやって排除するかということは、もう最高裁も法務省も内閣官房長官となった仙谷の言うことを聞かざるを得なくなるわけですよ。その年の秋が代表選挙です。それで完全にもう最高裁は、竹崎長官は江田五月の仲間ですし、江田五月もこれに絡んでいた。

木村　竹崎博允最高裁長官と江田五月さんは同期だったんですね。

平野　同期。二人は小学校からの同期ですからね。そりゃもう司法権としては中立ではないんですよ。小沢排除にもう邁進するわけです。

木村　江田さんは当時、菅直人代表の選挙本部長でしたね。

平野　それで二回目の検察審査会の議決の日にちのことも、木村先生の言う通りおかしいですよ。それだけじゃなく、あの代表選挙それ自体がインチキをしていますからね。

木村　民主党の代表選挙の投票のことですね。

平野　小沢一郎と書かれていた投票用紙を大量に焼却してますからね。民主党は代表選挙で必ずそういうインチキをやるんです。もう、それは歴史なんですよ。

木村　その時にムサシという投票機械も使われていた。小沢・菅の代表選での投票率が異常に低かったことも、あり得ないですよね。

平野　はい。そういう疑いがあります。翌二〇一一年になって菅政権が震災が起こって苦労しますが、この年にどういう問題が起きたかというと、特許庁のコンピュータの収賄罪事件が起こるんです。それは特許庁の基礎システムの最適化プロジェクトの贈収賄事件で、要は東芝なんです。御承知のようにご記憶があると思いますが、基礎設計だけで一〇〇億円を超えるプロジェクトを前経産大臣の二階の知っている会社が落札するんですね。ソフトウェア興業という。ここが東芝の専門のコンピュータ企業に孫請けするという不思議なことがあって、結局成功しない。失敗するんですよ。それで贈収賄が行われたというので、特許庁のこのことで二階が捜査の対象になるんです。それでこのソフトウェアの社長の丸山三郎というのが逮捕されます。それで丸山は地検特捜部に裏金をばら撒いたことを、全部しゃべっているんですよ。

その中には野田も仙谷も前原も蓮舫もいたという情報です。自民党も官僚もいるんです。

それで二〇一一年に特捜としては、これを本格的に捜査すべくスケジュールつくるんですよ。仙谷はなんで疑いがかかっているかというと、この仕組みを知って、二階を脅かしたというのが捜査関係者の話。それでマッチポンプやったわけです。それで二階と仙谷はここで手を握るわけですよ。仙谷は政権の中枢部にいるから、捜査の対象にはなりませんが、仙谷が中枢部で例の法務省の黒川官房長を使ってこの件をうやむやにしたという情報がある。うやむやにするため、特捜を抑えるわけです。

特捜を抑えた理由は、御承知のように、そのころ小沢陸山会裁判が真っ盛りなんですよ。だから政治家の捜査をやったら、これまた何言われるかわからないということで、検察庁トップのほうはやりたかったみたいですが、抑えるのです。そういった状況の中で、小沢裁判が続いていくわけです。一方、検察審査会は、一番たちの悪い仙谷系統の連中を顧問弁護士として出すわけですよ。

木村　あれは東京弁護士会か第二東京弁護士会が推薦した方でしたよね。

平野　仙谷系列のたちの悪い弁護士たちでしたが、結局、それで高裁まで持っていくわけでしょ。そういう展開の中で徹底的に小沢叩きをやるように、菅と仙谷、野田も含めて、あのラインが動いたんですね。

そうなると、これは自民党のほうがまだかわいいですよ（笑）。いや、やっぱり民主党のほうがたちが悪いです。すなわち検察、検察審査会などいろんなことを操作するには、最高裁ですからね。最高裁も使っている。

それで結論は、御承知のように、弘中惇一郎弁護団長が主張するように、小沢事件とは妄想から始まった事件であり、実存しなかったわけです。要するに大久保の西松建設事件も全然問題ないわけですから、みんな正式な政治団体ですからね。

それから福島汚職知事と小沢陸山会事件とのつながりの話は、先ほどおっしゃったように、特捜の大鶴たちが収容されている水谷建設の社長の水谷のところに行って、小沢に五〇〇〇万円を渡したということをゲロしろと言ったわけです。そうすると早く出してやるという交渉をやって、これがその話ですよ。それでそれらしいことを言って、二〇億円を使って五〇社ぐらいのゼネコン調べて、贈収賄一つもないのを、それで無理やりに捏造したわけです。

水谷社長は本当は女にやったカネを小沢にやるため、石川に渡したと言って、捜査が始まるわけです。実はここにも僕は関わりがありまして、高校野球で浪商の監督をやってヤクザになって、のちに絵描きになった男がいます。もう亡くなりましたがね。これが私のファンで、いささか困ったことになるんですけどね（笑）。小沢の支援もしてくれていて、クライマックスの時に水谷会長を説教してくれたんですよ。それで急に証言が変わったでしょ。

高野　そうそう。

平野　彼が怒鳴りつけたんですよ。昔からいろいろ面倒を見ていたらしいので、「おまえはそれであの世へ行けるかっ、閻魔さんに会えるか」って言ってね（笑）。それから石川知裕の状況が変わったわけですよ。こんな馬鹿な話はないですよ。

二〇一七年になると、安倍首相夫妻が関わった「森友・加計問題」が発覚しました。安倍首相の病的虚偽国会答弁をはじめエリート官僚らの「安倍忖度言動」、さらに「公文書改ざん」という民主政治に対する権力犯罪を、約八〇％の世論は強く批判しました。「小沢陸山会事件」は、菅民主党政権が法務省・最高裁を巻き込んで小沢を排除しようとした事件で、真相が国民に隠されています。マスコミも一役を担っている。日本政治のどうしようもない宿痾であることを国民は知るべきです。

郵政不正事件の狙いは民主党副代表の石井一だった

平野 それから郵政不正事件では、当時の民主党副代表をやっていた石井一さんが狙われたわけです。石井さんもアリバイがあったからよかったんだけど……。

高野 危なかったですね。

木村 石川知裕さんの件では、佐藤優さんが検事の取り調べを録音したほうがいいというアドバイスを石川さんにしていて、その録音があったがために、そのあとの検察側が出した報告書の改竄が表に出て、それが小沢さんの無罪にもつながったということがありました。また、僕の地元の志布志事件でもありましたが、やっぱり肝心な時に録音をしておくとか、あるいはメモを克明に取っておくというのは、自分の身を守るためにも非常に重要ですよね。

それといま自民党政権時代と民主党政権時代の問題で、検察側が政権側に弱みを握られてというのが、より民主党のほうがひどかったというお話がありました。先ほど触れた本（『〝小沢事件〟の真実』）にも書いていただいている、三井環さんは検察の裏金問題を告発していて、それを公表する直前に別件逮捕されてそれを葬り去られた人ですが、当時の官邸と検察との関係について重要な証言をされています。それは、小泉政権の時ですが、当時の原田明夫検事総長が後藤田正晴さんを通じて三井環さんが告発していた検察の裏金問題のもみ消しを依頼して、それを森山眞弓法務大臣が原田検事総長といっしょに検察の違法行為や裏金とかはないという話にして収めてもらって、その時に貸し借りをつくったということから、検察が小泉政権以降に自民党政権の言いなりになってしまったという主張を三井さんがされています（三井環著『検察の大罪 裏金隠しが生んだ政権との黒い癒着』講談社、２０１０年）。

だから麻生政権の時の小沢事件への着手（まさに「裏の指揮権発動」）もそういう流れの中で起きたのであり、その前の事件で言えば、田中真紀子さんの追放だとか、鈴木宗男さんの失脚などいろんな事件に使われたといわれていますよね。だから権力犯罪という点では同じ構造だとは思いますが、先ほど平野さんが言われたように、民主党政権時代のように最高裁まで動かすというのはそれまではあり得なかったですよね。

平野　田中角栄と小沢さんの関係ですが、私に言わせれば、田中さんも金丸さんも竹下さんも、小沢さんにはカネの苦労をさせてないのよ。

高野　そうだと思います。

平野　大事にして、自分らのやった汚れ仕事を一郎にさせちゃいかんというふうなところがあった。

高野　言ってみれば、小沢さんはプリンスでしたからね。

平野　だから小沢さんはあまり苦労をしていない。私のほうが役人でありながらずっと苦労していますよ。私の場合には副議長秘書のころはそうじゃなかったけど、議長の秘書のころは議長のところに官邸から機密費を持ってきて、五〇〇万円を議運に配れって言う。前尾さんは怒っちゃって、こんなことをやるなと。藤井裕久さんが、二階堂官房秘書官のころですよ。

高野　ああ、やりそうだね。

平野　藤井さんが二階堂さんのお伴で紙袋を持ってきてね、それを受け取って、彼ら帰ったら前尾さんは、廊下に放り出して、「こんなことするから民主主義は育たないんだ」と言っていた。私は拾い上げて、「そんなことしても、これ慣例になってるからやらんわけにはいかん」って言ったら、ぷーっと怒っている。それで僕は役所に持って帰って事務総長に相談したら、「それじゃ、慣例通り配るか」ってことになって、私が数え直して配ったこともありました。二〇〇万円ぐらい足りないことがあって、また次の朝、「実は二〇〇万円足りない」と言うわけよ。

高野　官邸に行って？

平野　いやいや、前尾さんに言うと、怒ってね。夕方来いって言われて行ってみたら、そんなことをよくやっていましたよ。

旧体制が死にもの狂いで仕掛けてきた「予防反革命」としての小沢事件

木村　高野さんは、いまの平野さんのお話も受けて、小沢事件についてどう思われていますか。

高野　細かいことはともかく、僕はやっぱり民主党が政権を取る前に、これはただじゃ済まないことが起こるだろうということを、一般論として予測していました。それは、古い言葉ですけど、「予防反革命」という言葉があって、いまやほとんど死語ですけれども、なんかの機会にウィキペディアを見たらこの言葉が載っていましたから、まだ生き残っている言葉なのかと思いましたけど、これはどういうことかと言うと、本物の革命勢力が立ち現れた時に、アンシャンレジーム、すなわち旧体制はありとあらゆる手段を動員して体制変革を阻止しようとする。当たり前のことですけれども、そのあらゆる手段には暴力の乱用も、権限の不当行使も、デマや中傷・流布も、何もかもが含まれていて不思議はない。

で、小沢一郎さんはこの時期に、あらゆる演説で決め言葉のようにして「明治以来百年余りの官僚主導体制を打破する、革命的改革を」と言っていた。こういう台詞に対して、自民党ばかりではないですね。自民党は戦後の存在で五四～五年だが、薩長藩閥政府から始まる官僚体制は一四〇年余、その全存在を賭けて抵抗闘争に打って出てくるだろう、と考えました。

木村 鳩山政権の時に事務次官会議を廃止しましたよね。

高野 あれはちょっと拙速すぎてやり方がまずかったと思いますけどね。

木村 それは政権交代したことの象徴ですよね。

高野 象徴なんですね。革命的改革という以上、そこまでやることを目指して当然なのですが、私の意見ではあのように頭から廃止とするのがよかったかどうか疑問です。なぜなら、明治以来の官僚専横体制は破壊の対象ですが、現役の官僚のみなさんは抹殺の対象ではないわけで、各省次官はじめそのみなさんの思想を改造しながら味方につけて、彼ら自身が革命的改革を覚悟するように仕向けなければいけない。それを丁寧にやらないで、いきなり廃止にして、ではどうして各省庁間の調整機能を確保するのかという落とし所も用意していない。拙劣ですね。あの民主党による政権交代にはそういう拙劣さがつきまとっていた。

そうすると、官僚体制の一番最前線にある検察としてはムキになって緊張せざるを得ない。検察の役目は官僚体制や政界を含めて体制のクリーンナップ装置ですから、犯罪者を捕まえるのがその役目でもないし、体制内の腐敗をえぐり出して体制そのものをひっくり返すことが目的であるはずもない。そういう意味では官僚体制の最終的な守り手であるということが検察の使命感なわけですから、そうするとやっぱり「一〇〇年目にしてひっくり返すぞ、おまえら」と言われて、黙っているわけがないだろうというのは、僕が最初から思っていたことでした。

ですから、まず西松事件から始まった時に、ああ、こういう搦め手から検察はひっかけてくるんだというふうに思って、その当時、私のところはウェブ・ジャーナリズムでやっていて、田中良紹、二見伸明＝元公明党副委員長はじめ論客がバンバン書いていたし、郷原信郎弁護士なども相呼応していて、私自身もガンガン書いていたら、とにかく全国の小沢ファンみたいのがみんな集まって、月間何百万ページビューの小沢擁護&民主党勝利キャンペーンの中心の一つになってしまったわけです。

そういう訳だから、小沢さんの秘書にも「こんなことで絶対に辞めちゃダメですからね。

小沢さんはこんな予防反革命で怯んだらダメで、自身はどんなに傷ついてズタズタになっても、このまま突っ切って政権を獲りにいってください」とお願いし続けました。

平野 よく聞きました。

高野 そうですか（笑）。だけど結局、辞めてしまう。その時に、その秘書さんからケータイに留守電が入っていて、「高野さん、すいません。あれだけ応援していただいたんですが、辞めることになりまして、今日四時から記者会見します」って。私もすぐ電話したんですが、もう通じなくて。どうしてなんでしょう、小沢さんは本当に辞める必要があったんですかね。

平野 あの人ね、辞めること好きなんですよ（笑）。幹事長の時にも、ほら、東京都知事選挙。それから二回目の検察審査会が決まった時に、私バスに乗っていたら電話がかかってきて、辞めるって言い出して。そのぐらい小沢さんは純粋なんですよ。

高野 それって純粋というんですかね。単に気が弱いんじゃないですか。気が弱いっていうのも失礼だな。なんだろう……。

平野 やっぱりきれいごとが好きなんですな。

高野 きれいごとが好きというのは、わからないではないけれども、政治がきれいごとでは済まないことをいちばん知っているのも小沢さんですよね。

木村　権力に固執してないとも言えますよね。

平野　そうそう。

高野　そうなんですかねえ。

木村　総理大臣になりたがっていませんよね。

菅、仙谷が小沢排除に動き出す原点

平野　いや、それが総理大臣に初めてなるというチャンスがあったのは、あの事件の前の年の秋、リーマン・ショックの時。麻生政権がもうメタメタになったでしょ。ある晩、小沢さんに呼ばれまして、いよいよこれは選挙をやれば、民主党の政権交代だと。小沢さんは当時は代表ですよ。その時に、「総理を鳩山にするか、菅にするか、意見を言うてくれ」って言うんですよ。

高野・木村　おおー。

木村　小沢さんは代表を自ら降りるつもりがあったんだ。

平野　それで僕は大きな声出したんですよ。「あんた、自民党のたらい回しをあれだけ批判して、民主党に政権交代して現職の代表が総理大臣になる前にたらい回しする気か」って。

木村　いや、そりゃ驚くべきことですよ。

高野　それは僕は知らなかった。

平野　自分はやっぱり人を支える立場だという。それでようやく覚悟が決まったら、ああいうことになったんですよ。ただ、私は非常に私自身が反省しなければいけないことがあるんですよ。だいたい高野さんも同じですけど、強気で行けというのが私たちの戦略でしょ。ただ、説明不足なんですよ。

高野　それは恐ろしいほどの説明不足です。

平野　説明不足なんです。私が国会議員を早く辞めたということにも責任があるんですが、私の代わりに説明する人間がいればまだよかった。

麻生政権は民主党は金欠と判断して、七月二一日に解散しますが、その直後選挙責任者の小沢さんは、一人当たり平均五〇〇万円、八〇人ぐらいに配りました。これは私が預かっていた新生党時代から合法的にいただいた浄財。それと小沢さんの自分の政治資金とを合わせた、四億円ぐらいでした。それをカネに困っている民主党の公認候補に法規にもとづいて届けたのです。小沢さんは善意でやったことを、民主党のグループの幹部たちが誤解して、小沢さんを警戒するようになったのです。

高野 ああ、そういうふうに。

平野 それが不信と混乱の原点。その後、鳩山政権から菅政権になって、小沢はやっぱり金権政治だと批判して、菅・仙谷が、本気で小沢さんを排除せないかんことになったのは、こんなところからだったのです。ところがその四億というのはきれいなカネなんですよ。僕の預かったカネは新生党をつくってやっていくなかで、カネがいっぱい寄附されて、岡田政権をつくろうということで貯めていたカネなんですよ（笑）。私は途中から会計責任者になったけど、他界した会計責任者だった方の相談役でもありましたから、その時期、私も逮捕されると言われましたからね。だから僕は槍でも鉄砲でも持ってこいって気持ちで、やってたわけです。その時にきちっと、このカネはしかるべきものであって、小沢が民主党を分捕ろうというカネではないという説明をあそこでしなきゃダメだったのです。でも、山岡さんに期待しましたが……。

高野 あの人は全然ダメだ。

平野 それは私の役だったと思うのです。その時私がバッヂを着けていないというところがやっぱり申し訳ないところです。この点では私が早く辞めたということが小沢さんをさらに不幸にしたということで反省しております。

首相になるチャンスを三回奪われた小沢一郎

木村　私が考えるに、小沢さんはこの当時、一、二年で、三回も首相になるチャンスを失ったと思っています。一つは大久保秘書逮捕で民主党の代表を降りた時。二回目が先ほどの代表選における不正で菅さんに負けた時です。もう一つは、当時の民主党の反小沢・鳩山執行部、岡田さんが中心になって二度目の起訴相当で刑事被告人になるということで、小沢さんの党員資格停止を行ったことで、それ以後の代表選挙に出られなくなったということがあると思います。

先ほどの話との関連で言えば、孫崎享さんや副島隆彦さん、植草一秀さんなどが少し触れられている、米国の影・圧力ということで言えば、東京地検特捜部が西松建設の前社長と元副社長を逮捕した容疑も、外為法違反なんですね。別件逮捕みたいなものですが、アメリカとの関与がそれで伺えるということです。

また、小沢さんがアメリカの虎の尾を踏んだのではないかと言われているのが、二〇〇九年の二月に行った第七艦隊発言（「在日米軍は第七艦隊だけで十分」との発言）ですよね。また、それと同じ時期に来日したヒラリー国務長官と小沢代表との会談はアメリカ側の強い希望があって実現したのですが、当初小沢さんはあまり乗り気でなかったと聞いています。結局、二人の会談は実現したものの話は折り合いがつかずに物別れに終わったということも、アメリカ側の不満を募らせたと思います。

だから、先ほど出た特捜部とアメリカとの占領時代からのつながり・パイプが、アメリカからの自立を目指すような、アメリカにとって危険な政治家の排除に使われているんではないかと推測できます。明確な根拠は出せないにしても、常にそういうかたちで、小沢事件の場合でも、前に触れたロッキード事件の場合でも同じ構図で、アメリカの影・圧力といった共通点がやはりみられるということは事実だと思います。

小沢さんがなぜ狙われたのかという問題で言えば、田中さんが狙われたものとも重なるのが、先ほどから出ている、対米自立と脱官僚政治の問題だと思うのです。それに関連して、具体的に大きな問題として、僕は脱官僚政治でやった大きなことは、先ほど言った事務次官会議の廃止と、それから仕分けはパフォーマンスであったかもしれないですけど、特別会計に初めてメスを入れたということは、官僚の聖域に手を突っ込んだという意味があったと思うんですね。

そして司法改革もやろうとしていたと思います。例えば、捜査・取調べの可視化法案に取り組もうとしていましたよね。しかし、民主党主導で参議院ではすでに二回通してた法案を、政権交代して本格的にやろうと模索したものの、実際にはそれができませんでした。それと、検事総長の国会承認人事案件もありましたし、民間人の検事総長への登用や、もっと幅広い司法改革も考えていたと言われていますがどれも実現できなかった。

アメリカとの関係では、海上自衛隊のインド洋での給油活動を延長しないという決定を実行に移したということと、九〇年代半ばからアメリカ側から出されていた年次改革要望書をあの年は日本側が蹴ったので鳩山政権の時だけ出なかったということもありました。そして、普天間基地移設問題では沖縄の民意に沿う形で「できれば国外移設、最低でも県外移設」という方針を打ち出したことや、「常時駐留なき安保（有事駐留）論」を理論的裏付けとする東アジア共同体構想を提起したことはすごく画期的だったと思います（木村朗「鳩山民主党政権崩壊と東アジア共同体構想」、進藤榮一・木村朗共編著『沖縄自立と東アジア共同体』花伝社、２０１６年に所収、を参照）。

その他でもう一つ挙げるとすれば、やはりメディアの問題が大きかったと思うんですね。このメディアの問題で言えば、鳩山政権が掲げて実際一部行ったのが、記者会見のオープン化でしたね。外務省の岡田さん、総務省の原口さんもやりましたが、特に金融庁の亀井さんがすごかったと思います。何しろ二度に分けて記者会見を行って、記者クラブに所属していないメディアにも十分な情報公開を行ったわけです。さらにメディア改革では、新聞社と放送局一元化・癒着をもたらしているクロスオーナーシップをやめるとか、電波オークションを導入・解禁していまの電波利権の温床を一掃する法案も準備していました。

しかし、そういう様々な改革、それこそ革命的とも言ってよい政策というものが、政界・官界・財界・学界・報道界といった既得権益層からの大きな反発を招く結果になりました。その中でも特に官僚（最高裁や検察庁のトップクラスの司法官僚や対米機軸一辺倒の外務・防衛官僚など）や大手メディアの反発が大きかったと思います。そして、この「脱官僚支配」とともに鳩山政権が打ち出した二本柱の一つ、アメリカとの対等な関係の構築を目指す対米自立志向がアメリカの強い警戒心・危機感を呼び覚ましたことが何よりも決定的であったと思います。

官僚もそうですし、古い自民党、既成の財界や学会、メディア界、そしてアメリカといういまの利権、共同体全体を敵に回すことになったのではないかと。

ただ、鳩山民主党政権はそのやろうとしていたことの大きさに比べて、準備と覚悟と手順を大きく誤ったのではないかというのが、高野さんも指摘されているように、僕もまったくその通りだと思います。政権内部や体制を一枚岩的に固める前に、事をあまりにも急ぎ過ぎたと。とりわけ参議院の過半数をまだ完全に握ってない段階であそこまでやって、参議院選前につけ込まれてひっくり返されたのではないかと思います。そういった点については、鳩山さんと私との三人の鼎談の時に、白井聡さんが「革命、革命といった割には覚悟・本気度がまったく足りなかった！」と突っ込んでいましたけどね（鳩山・白井・木村の共著『誰がこの国を動かしているのか』詩想社、2015年）。戦後日本の非自民党政権としては一九九三年の細川政権もありましたが、本格的な政権交代といわれた鳩山政権自体も、初めて閣僚となるメンバーがほとんどだったことを見ても、いろんな意味での未熟さや甘さ・弱さが現れたのではないかと思います。

僕はロッキード事件と小沢事件に共通して言えることは、やはり司法とメディアの結託でそういう対米自立なり脱官僚支配という、本当の意味での民主主義的な政治改革をしてやろうというような志のある政治家が潰されているというパターンが続いているということです。つまり、戦後日本では米国との関係が深い政治勢力（政治家・政党）がメディアや官僚（特に検察・法務官僚や治安警察）を使って対米自立と脱官僚支配の志向が比較的強いリベラルな政治勢力（政治家・政党）を排除・無力化していく傾向が明らかに見られるといえます。

ロッキード事件では当時の最大派閥である田中派の領袖であった田中角栄がターゲットにされました。その後、田中派を継いだ竹下派が分裂して複数の新党が発足する中で、冷戦終了と五五年体制の終焉を象徴するかたちで一九九三年に登場した細川非自民連立政権も短期間で崩壊しました。また、戦後初めての本格的な政権交代によって登場した鳩山民主党政権も当時野党であった自民党やメディア・法務官僚だけでなく、政権与党であった民主党内部の反小沢・鳩山勢力が中心となって対米自立と脱官僚支配を志向する民主・愛国勢力の打倒・排除を行ったわけです。小沢事件を自民党から引き継ぐ形で完遂した民主党の反小沢・鳩山勢力は、自民党政権以上に法を無視したような行為さえやっているということで非常に深刻な問題であると思います。

その一方で、この国が戦後最大の民主主義の危機に直面している時に、じゃあ国民はどう動いたのかが大きな問題であると思います。二〇〇九年夏の政権交代選挙の時は有権者の四〇％以上の支持を得て政権交代を実現した国民が、鳩山民主党政権が四面楚歌の中で既得権益勢力やアメリカの全面攻撃を受けている時に、鳩山政権（特に鳩山首相や小沢幹事長）を下から支えようといったような市民運動の動きも非常に弱かったのではないかと思います。多くの国民は官僚とメディアが一体化して行う情報操作に騙されて思考停止状態のまま流される。そして、政権交代の半年以上も前から続いていた小沢・鳩山バッシングに結局は加担するという状態であったということが、最大の問題ではないでしょうか。

日本の民主主義の未成熟こそ危機の本質

木村　ロッキード事件、そして小沢事件を通じて、いま日本にとって何が一番大きな問題なのかを率直におっしゃっていただければと思います。

高野　やはり、一言で言ってしまえば、日本の民主主義の成熟度ということに帰着すると思います。これほど権力による情報操作があって、マスコミがその手先となって真贋取り交えたような報道をたれ流している中で、その原因なのか結果なのかわかりませんが、あるいはその両方がグルグル回りする悪循環の結果なのかもしれませんが、結局のところ国民が自分で自立して物事を考えるという、人間として、市民として、当たり前の「能力」を失っている。能力は失っていないかもしれないが、何というか、「気風」とか「気構え」、それを支える「熱意」、「怒り」——そういった精神的エネルギーの出力が弱まっているのではないでしょうか。そういう意味での民主主義、つまり「民」が「主」であるという、人として、また世の中として、本源的なあり方への確固たる姿勢が薄まっているというのが、日本がいま直面している危機の本質なのだと思います。

平野　民主党の政権がどうして失敗したかということを、この間、小沢さんから話を聞きました。私から言わせれば、民主党のやっぱり優れたリーダーというのは、鳩山さんと小沢さんの二人ですよ。けどこの人たちは癖がありまして、小沢さんは最初に言った人の話が納得して頭に入ったら、変えないですよ。ところがものによっては、変化がありますから、場合によっては考えを変えなきゃダメですよ。それとは逆に、鳩山さんは最後に言った人の話を聞くんですよ。

高野　逆ですね。確かに。

平野　政治家のそれは長所であり欠陥なんですよ。そこは合わせなきゃダメなんです。今後はそれに尽きると思いますよ。

それから僕は小沢さんに時々、「あんたは僕の評判を落としたことが五回ぐらいあるな」と言われますが、「いや、五〇回だ」って僕は答えるんです。それでいまでも、小沢さんに対する誤解がいくつもありますが、マスコミから小沢さんが嫌われているのは、記者クラブをやめたこともありますが、それよりもクロスオーナーシップを見直そうとしたことです。そこにものすごくこだわったんです。それがナベツネさん（渡辺恒雄）との衝突の根本なんですよ。

木村　やはり小沢さんはメディア改革も本気でやろうとしたんですね。

平野　それから検察の問題は、これは民主党の弁護士連中が、小沢がこう言っている、と言いふらした話がほとんどで、彼は、高検の長までを認証官にすることはないというだけですよ。誤解がほとんどで、小沢さんのことを実は、局長クラスから幹部の役人ＯＢの中には、いまでも信頼して慕っている人もいます。官僚の本当の力は、これからこういうかたちで発揮せにゃいかんと、官僚のことを一番考えているのが小沢さんでもあるのです。それだけ誤解されていることが多いのです。

第2部

二つの非自民政権崩壊からみる戦後政治の深層

第１章

細川政権誕生、五五年体制崩壊の裏側

自民党だけでなく、社会党、財界からの賛同で動き出した政治改革

木村 ここからは、戦後日本における岐路ともなった画期的な二つの政権交代、すなわち一九九三年の細川政権誕生と二〇〇九年の鳩山政権成立の問題を中心に論じていきたいと思います。

まず一九九三年に誕生した細川政権についてですが、その背景には世界的な規模での冷戦の終結があり、この非自民党政権である細川連立政権の成立によって戦後日本で長く続いてきた、いわゆる五五年体制が終焉することになりました。細川政権成立の直接のきっかけは、リクルート事件で揺れ動いた竹下内閣以来の政治とカネの問題、そして政治改革と政界再編をめぐる様々な政治勢力の争いが背景にあったと思います。

また、そうした動きの中心に自民党内での対立と分裂があり、その結果として、新生党、新党さきがけ、日本新党など複数の新党がほとんど同時期に成立するということがありま

した。

平野　この当時、私は国会の事務局から、その後政治家というふうに立場が変わっていきました。まず、この細川政権がつくられていく出発点は、自民党中心の政治改革、つまり政治とカネの問題を解決し、中選挙区制をなんとかして政権交代の仕組みをつくるという動きでした。そこに社会党の若い人たちが賛同したということが、一つの動きのエレメントです。また、民間のジャーナリスト、それから連合、経営者も含めて、民間から政治の仕組みと政治のお金に対する批判が、当時、相当強くあって、民間政治臨調（政治改革推進協議会）が一九九二年四月にできます。これは一種の国民運動ですよね。これに自民党の政治家たちは結構影響を受けたという、そういう見方を僕はしています。

と言いますのは、私は一九九二年の二月に国会の事務局を辞めて、参議院に保守系無所属で立候補して当選したわけですが、一九八九年の七月には政治改革をやるべしということで、竹下登さんが首相を辞めて、政治改革大綱を後藤田正晴さんがつくるわけです。参議院選挙で自民党が敗北したあと、海部（首相）＝小沢（幹事長）政権になって、翌一九九〇年には政治改革に着手しようというので、第八次政治選挙制度審議会、あそこから始まったんです。この時にはやはり、民間の組織はまだできていませんが、世間からは政治改革への強い要望があったのです。自民党の人たちもそれに応じなければ当選できない。当然野党の若い人たちもそれに乗ってきたわけなんですが、それをさらに押し上げたのは、一九九一年の秋に経済同友会の政治改革委員会というのができ、傘下の各組織にそういうものをつくってたんですね。

高野 ああ、ありましたね。

平野 その委員長であるオリックスの宮内義彦さんから私に話があって、経済同友会のメンバーの前で講演したことがあるんですよ。海部内閣の時の政治改革の失敗があったものですから、なぜ政治改革が失敗したのか、これからどうするか、どうすればそれが実現するかについて語ってほしい、という熱心な経済界の要望だったのです。そこで私はいろいろこれまでの経過を説明し、最後にこれは政治の力だけじゃダメだと。経済界、労働界、それから言論界が力を合わせた、一つの国民運動みたいなことをやってもらわなければ、せっかく改革案を出しても潰されるということを強調したのです。そうしたらおそらくそれが一つの参考になったと思いますが、この政治改革を成功させるために、二一世紀臨調の亀井正夫さんを中心としたグループで、内田健三さんを事実上のキャップにした民間政治臨調ができて、そこに連合が入るわけなんです。それから学者先生方も入って、これがやはり政治改革を進めるにあたって非常に大きな原動力だったと思います。政治家では小沢さん、海部さん、それから鳩山由紀夫さん、この三人が熱心で。

木村　羽田孜さんは？

平野　羽田さんももちろん経世会ですから、小沢さんが羽田さんを立てるかたちで、それに知事を辞めて一旗揚げようと細川護煕さんも入ってくると。こういうふうに政治改革の背景を考えています。

「五五年体制」大崩壊の裏側

高野　九三年春の国会が政治改革国会と言われて、焦点は小選挙区制に踏み切るかどうかでした。この時社会党は山花貞夫委員長で、僕はそちらの側からこれに首を突っ込んでいたのですが、野党第一党の社会党が最後までなかなか小選挙区制導入に踏み切れなかった。それは左派の中に、小選挙区制にしたら自民党に三分の二を取られるに決まっているという、やる前から負けるに決まっているという敗北主義があったわけです。それは、一面正しいのですが、逆もまた真なりというところが議論になったわけです。しかし彼ら左派は、いや、逆はないって言うのです。僕らからすれば、それは敗北主義だろう、やってみなきゃわからないじゃないか、政権を取れるかもしれないじゃないかという議論を、社会党の内外で散々やりました。

それで、僕らとか、社会党の若手の改革推進派の方々は、そこへ踏み込んでいかないと社会党はいつまでたっても万年野党で、「１・５大政党制」と揶揄される現状は変えられない。野党第一党である社会党がまず決断してイニシアティブを発揮して、小選挙区制で行くんだ、それで政権交代がある政治風土をつくっていくんだという明確なメッセージを持って国民に訴えて、それで公明党と民社党を引っ張って、社公民体制で小選挙区制に賛成しようと訴えました。そこが固まって先に野党が打って出れば、政治改革をやるのかやらないのか、曖昧なことを言っている宮沢内閣はお手上げになって、やらざるを得なくなるし、場合によっては自民党の分裂もあり得ると僕らは盛んに言って、野党の尻を叩いていました。できれば自民党にも分裂していただいて、その人たちも含めて政治改革一本で一致した連合政権をつくればいいのではないか。その政権の下で小選挙区制の法律整備だけではなく、企業・団体献金の禁止といったインフラ整備もやって、そしてその連立政権がやがてもう少し幅広い諸課題を含め非自民・非共産の連立政権に発展していくことは可能なんじゃないかという議論を散々して、結局、最終的に山花さんが踏み切るんですね。それで、流れができた。

それに対して宮沢首相は、「政治改革？　やりますよ」と口では言いますが、宮沢さんの本音は「中選挙区制維持。小選挙区制なんてあんな馬鹿なものあり得ない」ということでしたから、小沢さんや羽田さんも、武村正義さんや鳩山由紀夫さんも、もう我慢ができなくなって、自民党分裂必至という状況で、野党が内閣不信任案を提出し、一部閣僚を含めて自民党から賛成者が続出した。あの時、船田元さんは経済企画庁長官で、もう一人の中島衛科学技術庁長官と共に閣僚を辞任してまで不信任案に賛成しましたね。それで小沢さんや羽田さんの新生党、武村さんや鳩山さんのさきがけが生まれ、日本新党の細川護熙さんを担いで非自民の政治改革連立政権が誕生した。いま思い返しても胸が躍るような、まさに「五五年体制」大崩壊のドラマです。

現在の小選挙区制がうまく機能していない大きな理由

高野　いまになると、本当に小選挙区制にしてよかったのかと思ってしまうし、中選挙区制に戻すべきだと主張する人も少なからずいますけれども、僕はやはり、あの段階では小選挙区制で政権交代のある政治風土を耕していくという方向に踏み出す以外に選択はなかったろうと思います。実際に、時間はかかりましたし、結果はどうだったのかという問題はありますけれども、とにかく二〇〇九年には正々堂々、選挙を通じての政権交代が起きたわけで、私は国民がこういう政治体験を何度か重ねていく中で、理念や政策で政権を選ぶことに習熟していくプロセスが必要なのだろうと思います。

ただ、問題は二つあって、一つは、その翌年に細川内閣がつくった現在の「小選挙区比例代表並立制」という選挙制度は、「重複立候補制」など副次的な部分まで含めて、はたしてこれでよかったのかということです。あの時は、なんとかまとめるために、社会党は村山富市委員長、衆議院議長は土井たか子さん。それで細川さんと社会党との間を行ったり来たり、徹夜までして揉んでいるうちに、だんだん複雑になってしまったという問題がある。これについては、「もうダメだ。中選挙区制に戻そう」という議論に行く前に、この二十数年間やってみてどうだったのか、もっと使い勝手のいい仕組みに出来ないのかを考えたほうがいいと思います。

もう一つ、もっと大きい問題だと思っているのは、せっかく制度はつくったけれども、その小選挙区制に機能を発揮させるインフラの整備にまったく手がつかなかった。

例えば、僕らがそのころ議論していたのは、全国的には各党の党首による長時間のテレビ討論を、アメリカ大統領選のように序盤・中盤・終盤と三回やって、視聴率が八〇％にも達するというようなことを、制度化もしくは慣例化する。それだけでなく、選挙区ごとに必ず全候補者のディベートをやる仕組みをつくる。かつて立会演説会というのがあって、これは実は立会っていなくて、小学校の講堂などで候補者が順番にしゃべっているだけでした。これがなぜ廃止されたのかというと、公明党のせいだと言われた。創価学会員の熱心な公明党支持者が早くから動員されて前のほうの席を占めていて、例えば二番目に公明党の候補者が出てきてしゃべり終えると、大拍手をして、次の候補者が出て来る前にわざとらしくドーッと引き揚げていく。なんだ、あいつらはっていうことになって、止めてしまった。

だからそれを復活して、今度は縦ではなく横に並べて、三時間なら三時間、徹底的にディベートをする。それをローカルのテレビで放映する。いまのあの紙芝居みたいなテレビの「政見放送」はまったく意味がないので廃止する。ディベートすれば、馬鹿か利口か、人柄がどうか、すぐわかりますからね。そういうことがないと、小選挙区制というのはちゃんと機能しないでしょう。それが制度化されなかったので、青年会議所がずいぶん各地で、自分たちで市民会館など借りて会場を用意して全候補者に出席を求めてディベートを行うという運動に取り組んで、私も頼まれていくつかその司会をやったこともありますが、これは強制力がないので、特に自民党の候補が来ないという場合が少なくなかった。

それから、選挙のツールというかメディアにも改革が必要でしょう。ビラ、ポスター、みかん箱かビール箱に乗って昔はメガホン、いまは電池が入ってマイクロフォンという基本スタイルは明治以来、変わっていない。これだけ電子メディアが基盤的なコミュニケーションのツールになっているという時代に、まあ少しずつは活用できるようにはなってきましたが、まだあくまで補助的な手段としてしか位置付けられていない。せっかく選挙権を一八歳まで引き下げても、その世代の人たちのライフスタイルとかけ離れたところで選挙戦が展開されているようなかたちになっています。そういうことも含めて、小選挙区制を機能させるインフラ整備ということが絶対必要なのではないか。

そういうことがあって、小選挙区制がいまだにきちんと作動していないというか、国民がせっかくのこの制度を使いこなしていないということがあります。

それからもう一点、同じ時期に同じような制度を導入したイタリアとの違いという問題があります。イタリアの場合は、自民党と同じく戦後長期政権を築いてきたキリスト教民主党の政権がマフィアとの癒着という問題で、火山の噴火するような勢いで壊れてしまって、保守の側も連立政治に慣れていかなければならなかった。他方、野党の側ではイタリア共産党が冷戦の終わりとともに、さっさと共産主義の看板を下ろして「左翼民主党」――いまは左翼も外して「民主党」としてしばしば与党を担っていますが――に衣替えして、「オリーブの木」方式による連立政治の中核となった。保守もリベラルも、双方が連立政治で、その都度、政策協定をして政党連合を組んで政権を争うということをせざるを得なかった。そのため、日本とよく似た選挙制度が最初から機能して、ベルルスコーニが率いる保守陣営と、民主党中心のリベラル陣営とが見事に政権交代を繰り返すようになって、うらやましい限りです。

日本の場合には、自民党は割れたんですが、中途半端にしか壊れてなくて、相対的には依然として最大の政党で、それに対して野党は、細かい野党が何とか固まって挑んでいこうというんだけど、これはなかなかうまくいかないということが、細川政権の時も鳩山政権の時も繰り返されてきました。しかし、イタリアの例を見れば、小選挙区制が悪いのではなく、その使い方が下手というか、まだ国民が慣れていないということが主な問題ではないかと思います。

木村　お二人からそれぞれ、平野さんからは自民党、小沢さんに近い立場から、また高野さんからは社会党に近い立場から、政治改革から選挙制度改革、そして細川政権の成立につながる経緯と背景をお聞きして、非常に腑に落ちるところがありました。

竹下内閣の時にリクルートの事件が起きて、汚職や談合といった、政治とカネをめぐる問題における諸悪の根源が結局は選挙制度であり、中選挙区制にあるという基本認識でした。そして政治改革を掲げていく中で、それが選挙制度改革に矮小化されていき、そしてその選挙制度改革が小選挙区制にすれば政権交代が容易になり、また派閥政治の弊害が克服でき、なおかつ政策論争もできるということになったわけです。それは、先ほど平野さんが言われたような、世論といいますか、民間政調の動きなどもあって、政治改革、とりわけ選挙改革を抜本的にしないと、もう政治が一歩も進めないような状況になって、そこに収斂していったということだと思うんですね。特に当時の自民党や民社党は、当初はリクルート事件などもあって根本的に政治とカネの問題を解決しなければならない立場であったことはよくわかります。

ただ、僕はやっぱり前々から一つ疑問だったのが、社会党がなぜ、結果的にはそのあと自滅とも言える結果を生むような小選挙区制を中心とした選挙改革制度に乗っていったのかということが、よくわからないということなんです。

それで言えば、政治改革で選挙制度を変える場合にどうすべきかということについて、政権交代可能な選挙制度といっても、二大政党制とか、ソフトな二大政党制、穏健な多党制とか、そういうふうにそれぞれ党派によって考え方がまだバラバラだったと思うんですね。当時の社会党などはイギリス型の労働党、社民党が片方の二大政党の一翼を担うという、楽観的な考え方もあったのかなと思います。また二大政党制でも、保守の二大政党制、保守と社民（社会民主主義）の二大政党制でも違いがありますし、それから細川さんがその当時に言われていた穏健な多党制という考え方もあったと思います。最後は結局、自民党の原案（完全小選挙区制）に近い小選挙区比例代表並立制になっていったわけですが、もう一つの小選挙区比例代表連用制というより多党制に近づくような案もあったと思うのですが、そこらあたりがどのような議論やプロセスを経て現在の小選挙区比例代表並立制に収斂していったのでしょうか。

「まやかしの政治改革」というパラドクス

平野　私は実務家として、この政治改革の問題に深く関わって、「政治改革のパラドクス」ということを言いたいと思うんですよ。そもそもリクルート事件というのは、竹下内閣の時に表面化した小選挙区制度導入の議論と同時に起こっています。幸いにしてリクルート事件もそれなりに収まり、あと消費税も導入できた。これから竹下内閣がいよいよ長期政権化するというので、一九八八年の暮れは万々歳だった。

その時に竹下内閣の長期政権をどうやってつくるかということについて、竹下さんから私に相談があったんですよ。その時、政治改革というのは格好のいいお経として以前からずうっとあったわけですから、これをやっぱり政権党であるあなたが中心のテーマにして叫び続けていくことが長期政権を引っ張っていく方法だと私は進言したんです。竹下さんもそれに賛同したのでしょう。後藤田さんなどと相談して、いわゆるリクルート・消費税後の翌年の竹下政権というのは、政治改革を大きなテーマにしようというふうになったわけです。

高野 そうですね。政治改革本部などができて。

平野 しかしそれは、いわばまやかしなんですよ。実は、本気で政治改革をやる気なんかないのですよ。ところがその後、竹下内閣の閣僚の中でリクルート献金をもらった人がポロポロ、ポロポロ出て、昭和天皇も亡くなって、それで中曽根がリクルートに一番関わっていたんじゃないかということで証人喚問問題が起こって、中曽根と竹下の権力争いになるわけです。安倍さんが竹下につきますが、奥さんのリクルートの子会社の顧問問題が暴露されて、それが安倍さんが亡くなっていく元なんですよ。

木村 安倍晋太郎さんですね。

平野 晋太郎さん。そんなことがあって結局、竹下内閣は潰れるんですが、竹下さんは中曽根派が癪に障るもんだから、いわゆる見せかけにつくった政治改革を、これからやるということで政治改革大綱として後藤田さんが中心になってその時つくるわけです。実際は、竹下さんはもうその年の暮れには政治改革を諦めていて、海部と小沢の足を引っ張っていますからね。だから自民党には、そういうごまかしが一つあったわけです。ところがそれはもう一般国民にはわかりませんから、自民党が言い出していながらなんだという世間の批判が大きくなって、自民党の尻に火がつくことになる。で、いよいよ海部内閣は政治改革法案を出すという流れになるわけです。それが湾岸紛争で一年延ばされて、一九九一年になるわけです。

つまり、もともと自民党はまやかしだった政治改革論を、客観情勢の変化と世論の流れの中でやらざるを得なくなったということです。それからもう一つ、野党、特に最大野党だった社会党の動向です。その時の社会党は、党内での世代間対立が激しかったのです。ニューウェーブの若い連中は非常に政治改革に積極的で、やっぱり自分たちはこれに乗らなきゃダメだということで、結局、小沢一郎・山岸章（連合初代会長）会談をやるのです。それで小沢や自由党の本気で政治改革をやろうという連中と、山岸さんを通じた社会党の若手グループとの連携ができる。

そうこうしているうちに、その年の三月に金丸信が逮捕されるわけですよ。

高野　そうですね。金塊事件ね。

平野　北朝鮮との問題でね、これがもう決定的な政治改革の契機となる。もう自民党は本気にならざるを得なくなったわけです。これで自民党は壊れるかという時に、そこでようやく本気になるわけです。ところがこれに抵抗したのが、梶山静六ですよね。当時幹事長でした。

それに社会党で同調したのが、梶山静六とは国対委員長同士で仲が良かった村山富市。それで山岸さんが出てくる。本気になった社会党の人たちとわれわれで、山岸さんを中心とした勉強会をつくるのです。私も入って、政策調整みたいなことをやっていました。その中で選挙制度の問題も出てくるんですね。

私は山花貞夫委員長を昔からよく知っていまして、同い年で、名前が同じですからね。向こうもまじめな弁護士でしょ。

高野　いやあ、まじめですね。

平野　山花さんは社会党の総務局長をやったでしょ。ロッキード事件のあとのあのころ政治倫理制度つくったんですよ。その原型というのは、小沢が議運委員長で、山花と小沢座長、そして議運の担当課長だった私が事務として入って、三人でつくったんです。だから山花さんとはうんと親しかったんです。高野さんなんかがいろいろアドバイスする山花さんの行動について、山花さんは私のところへ事務的にそれはどうなのかということで相談に来るわけですよ。そうこうしている間に金丸問題が急に持ち上がって、本格的にこれは成立させるといってもいろいろやっている時に、それでも自民党のほうは成立させないという抵抗をする中で、自民党からは完全小選挙区制を提案してきた。そこで社公民三党がまとめて出したのが、小選挙区連用制です。

木村 もともとは並立制ではなくて連用制だった？

高野 最初は連用制なんです。

平野 それの中間として、連合、民間政治臨調が別の案を出そうかということもありました。その時、山花さんと私が休みの日に二人で会ったりして、率直に言って山花さんは熱心だけど、書記長の赤松が何もわからなくて山花さんが苦労しているので、そのあたりをいろいろフォローしながら、社会党がイニシアティブをとって、新しい制度をつくろうとしたわけです。しかしやはり献金、資金の問題、これを下手にいじりますと、企業団体の献金をやめるということになるので、そうすると社会党が痛いわけです。

木村 企業団体となると労組も献金ができなくなる。

平野 それから僕らが山花さんと詰めた話は、やはりドイツの併用制です。

木村 併用制なら僕も賛成できます。

平野 これがやっぱり理想的だと。それで要するに政治改革というのは、政権交代をしやすくするだけではなく、民意をどう反映させるかが大事だと。だから小選挙区制を比例制と併用するわけですが、その噛み合わせというのがやっぱりいろいろ党利党略があるわけです。けれど、理屈としては比例というのは誰でもいいというわけじゃないんだと。その政党なり、いろんな組織から出てくる、やっぱり最も優れた見識のある人を出すためだというので、海部内閣が出したころの、いまの並立制というのは、私は反対だったんですよ。ドイツはそうでしょ。比例というのは優秀なステイトマンを出してくるわけでしょ。

高野　そうです。

平野　しかしこれを言うと、やはり自民党の中でもまとまらないし、社会党の中でもまとまらないんですよ。労働組合の代表が、優秀なステイトマンではないんじゃないかというようなことになりますしね。それで結局は数字でフィフティ、フィフティだったら、妥協案として併用制じゃなくても、並立制でもなんとか両方話がつくんじゃないかということがあったわけです。だから選挙制度をつくる時に、どうしても純粋理論というものは通らないのです。

高野　党利党略というのは必ずあります。おたくにはいいでしょうけど、うちはそれではダメですよという話になってしまうんですね。

細川総理誕生の舞台裏

木村　いまのお話で、なぜ政治改革が選挙制度の問題だけに絞られて、結局、小選挙区並立制にだんだん収斂していったかということがようやくわかりました。ただ、それとの関連で、細川政権連立に至るまでの経緯と背景にいったいどういうことがあったかということですね。自民党の内部分裂の原因も含めて、なぜ少数政党である日本新党の細川さんが連立政権の首班になれたのか。細川政権とはいったい何だったのかという意味も合わせて、お話を伺いたい。

高野　そうですね。細川さんがなったというのはやはり小沢さんの一種の荒技というか芸当でしょう。僕らは羽田さんで行くのかと思っていたわけですよ、自然の流れとして。

木村　小沢さんに一番近いですからね。

高野　一番近くて親しい関係。ところがあっと驚く細川政権ということになって、ある意味で言うと、短命に終わりましたけれども、国民が興奮したのはやっぱり細川さんだったからで、羽田さんだったらそうはならなかったかもしれない。そこは小沢さんの直感が当たったのかもしれません。

木村　だからあのころは圧倒的な新党ブームで、とりわけ日本新党の細川さんにはすごく人気が集中していたんですよね。

平野　いや、これね、やっぱり政治というのはある種のドラマですから。選挙の結果は第一党は圧倒的に自民党だったんですね。それで社会党、新生党、日本新党、さきがけが少数政党で続いて、ちょっと補完すれば政権ができる。そういう流れだと、武村（正義）さんもわかっている。

木村　新党さきがけですね。

平野　いわゆるさきがけと日本新党で、自民党と連立するという魂胆があって、そこで自分をどうやって高く売るかという作戦が武村さんにはあったと思います。社会党も含めて野党側は、もう宮沢じゃしょうがないという雰囲気があったので。開票の翌日、早朝に小沢さんが指令を出して、野党で政権交代ができる、だから余計なことを強く言うなと箝口令を出したんですね。私が、選挙協力した野党や関係団体の役職者に電話でそれを伝達していて、連合の山岸さんなどは、よし、それでは様子を見ようということになったんですよ。しかし、当事者の政治家というのはそう簡単に、黙って様子を見ているというわけにはいかんわけです。

内田健三さんなんかは後ろでいろいろやっていたもんですから、「おまえら何を考えてるんだ」って、僕は呼び出されまして、だいぶ追及されました。その時に私が言ったのは、少なくとも野党で政権をつくるといった場合、筋から言えば、野党第一党の社会党の山花さんが首相だ。しかし、その社会党自体が何しろ総選挙で大敗しているから、国民の理解が得られないだろう……。

木村　そうですね。社会党はその総選挙でかなり議席を減らしていますからね。ちなみに、その選挙結果としての各政党の議席数は、自民党二二三（一増）、社会党七〇（六六減）、新生党五五（一九増）、日本新党三五（三五増）、新党さきがけ一三（三増）、公明党五五（三増）、日本共産党一五（一減）、民社党一五（一増）、社会民主連合四（増減無し）、無所属三〇（一増）、計五一一（一減）だったわけです。

平野　それから野党第二党である新生党の羽田さん。これは社会党もどうだという雰囲気があったんですが、羽田さんが総理では、ついひと月前まで自民党にいた人間が政権を取るというのは、これは新鮮味がないと。それから第四党の公明党ですか。しかし、公明党の総理というわけにもいかんでしょうとなったわけです。

木村 宗教政党ですからね。

平野 ええ。そこで私が「誰を総理にするかということについては非常に重大な問題で、いま、小沢一郎が潜っていろいろ接触してるから、もうちょっと二、三日、様子を見させてくれ」と言いましたら、内田健三さんと国会図書館の成田さんがいて、「そんな無責任なことで俺らは了承できない」と言うわけですよ。いろいろ言われるので、私もいい加減に、「まあ、いよいよとなりゃ、歳の順でどうだ」と言ったわけです。その時一番歳上が武村さんですよ。「ええー」っていうことになって。「それで結集したらどうか」と無責任なことを僕が言ったら、「平野君、帰れ」って言うんですよ。夕方だったですけどね。「呼んで飯ご馳走してやると言ってたくせに帰れとは何事だ」と言ったら、「あと一五分したら武村が来るんだ」というわけです。

それで私は帰りまして、どうもあの二人が平野は歳の順だと言っとると武村に話して……。

木村 武村さんは総理になるという野心が?

平野 武村さんが自民党との交渉をやめることになるんですよ。

木村 おー、それは大きい。

高野 なるほど。その効果があったわけだ。

平野 私の猿知恵がね（笑）。

高野 いや、すごいですよ。

平野 最終的にいろいろあって、細川さんが総理を受けるという話になって、それから武村さんを説得せにゃいかんという時に、一番もめたんですよ。山花さんも細川ということで、すぐに了解してくれましたよ。やはり細川さんの国民からの圧倒的人気を使ってでも、政権基盤を強化せにゃいかんですからね。公明党も羽田さんも、もちろんよくわかってくれたんです。ところが仲間の武村がどうしてもダメだということで、夜中に小沢さんがニューオータニで会って、やっと了解してくれたわけですよ。

木村 結局、武村さんは官房長官になるんですね。

平野 そうそう。そういう条件を向こうが出してなったわけです。そのかわりあとで細川さんが辞める時に、「官房機密費を一銭も私は使ってない」って文句を言っていましたけどね（笑）。それでその時にやっと、どうして武村さんがあんなに総理になることにこだわったのかがわかったわけです。

高野　いや、権力欲の人ですよ、武村さん。ずうっとそれありきです。それがずっとあとあとまで障害でしたね。

平野　だから私が余計なことを言ってるからね。

木村　それが小沢さんと武村さんとの確執にもなっていくんですね。

平野　それが確執の元になるんですね。だから原因は私なんですよ（笑）。

木村　いや、原因というか、それは寄り合い世帯の細川連立政権をつくった大功労者ですよ。そのままであれば、さきがけは自民党側につくことになった可能性が強かったわけですからね。

細川政権の絶妙な人事はこうして決められた

平野　そこで次の晩、衆議院議長をどうするかということになって、これは総理と議長のバランスが必要なんです。

木村　その時に社会党の土井たか子さんの名前が……。

平野　小沢さんが土井たか子で、女性議長をつくろうと言って、それはまず社会党に了解を取らないといけないという話になったわけです。次の晩に、山花さんと田辺さんとそれから山岸さんと小沢さんと私が入って、そこで小沢さんがそれまでのあらゆる交渉過程を説明して、「議長をどうするかということについて御意見を聞きたい」と言ったら、山岸さんが「田辺君、どうだ」とこう言ったわけ。おおー、こりゃありがたいことだと田辺さんは思ったわけですよ。

木村　田辺（誠）さんも早速その気になったんだ。

平野　田辺さんではまずいと思ってる人は山花さん、小沢なんですよ（笑）。その時問題となっていた金丸さんの北朝鮮訪問団のパートナーだったですからね。

高野　引っかかりがあります。

平野　しかしもう田辺さんが喜んで、その日は帰ったんですよ。次の日に、小沢さんから電話があって、「山花さんに田辺さんはダメだということを言わせるわけにはいかん。それで、あんたが山岸に会って、それを言ってくれ」って言うから、「そりゃ、私のする仕事じゃない。あなたのする仕事だ」と言ったら、「いやあ、年寄りを説得するにはあんたのほうがいいから」と言うので、しょうがないから山岸さんに会いたいって電話したんですよ。そうしたらどういう用事かと聞くので、議長問題だ、と伝え、「ちょっと田辺さんではまずい」と言ったら、「もう、そりゃ政治家がやってくれ。俺は知らん」と、山岸さんに逃げられましてね。

高野　みんな嫌（笑）。

平野　私も困っちゃって、金丸さんも当時、裁判が始まるという時ですから、家にいて、私も第一次佐藤内閣のころから金丸さんの面倒をしょっちゅう見ていましたから直接電話して、「金丸先生、切望されていた政権交代もようやくできたんですが、議長問題でいま困っている」ということで田辺さんのことを言ったら、「それは一郎の言う通りだ。そりゃ、いま立てたらまずい」と（笑）。

高野　それは金丸さんが一番よくわかってるね。

平野　金丸さんは、「それはやっぱり本人に直接言えば、本人もわかってくれるよ」ということで、ちょうどその日に高知から温室でつくったみかんがひと箱届いたので、私がそれを抱えて前橋に行って田辺さんと会ったわけです。実はこうこうでと私が言ったら、田辺さんはもう快く、「それはその通りだ。しかし社会党はそこまで気を使ってくれん。ありがとう」と礼まで言われて、それで土井さんでようやく固まったわけですよ。それでもう山花さんは喜んで、それでうまくいくと思ったら、なかなかうまくいかなかったわけです（笑）。

木村　結局、土井さんが推されることになったのは？

平野　土井さんは結局、山花さんが口説いたんですが、難航してやっと決まったんですよ。私は事務局のころから、土井さんが国会運営の憲法問題でいちゃもんを事務局につけてくる時の窓口だったですから、喧嘩ばっかりやっていましたからね。議長を辞めたあとも「私を議長にしたのは小沢さんとあんただ。私は本当に嫌だったのよ」って、土井さんは言っていましたけどね。

木村　議長を辞められたあともですか。

平野　後藤秘書は逆だったですね。土井さんが議長に就いてよかったって言ってくれました。でも土井さんは、私が議員を辞めてから仲良く、日野原重明さんの「ジョン万次郎」活動をやりました。また、田辺さんはいろんな会合で会うと、「俺の議長就任を潰したのは平野だ」ってみんなの前で言うわけですよ。

木村　いろんな人から恨みを買ったわけですね（笑）。

平野　そんなことがありまして、結局、細川政権のスタート時は非常に画期的な人事となりました。

木村　絶妙な人事だったと思いますね、結果論で見れば。新生党があまり主な役職に入っていませんよね。本来ならば、日本新党やさきがけよりも多数派なのに、それも含めてやっぱりそういう背景があってなったんですね。

平野　ただ、あの時に羽田さんを総理にするということも真剣に小沢さんと二人で考えましたけど、ちょっとわれわれは理想を追いすぎたかなということもあるのです。

羽田さんを総理にするということは、自民党の時に小沢さんが羽田さんを政治改革派に入れ込むために、まず自民党の選挙制度調査会長になってもらおうと口説く時、橋本龍太郎より早く羽田さんを総理にするという約束をしているんです。

木村 その時からもうずっと二人の間の約束だったんですね。

平野 しかし、その時はわかってくれましたけど、私が羽田さんと同い年で羽田さんが議運理事など、いろいろな行動をフォローしたんですが、はっきり言ってやっぱり平和な時に総理をやることはできても、そうではない場合はできない人なんです。

高野 無理。修羅場ではね。

平野 修羅場もそうですし、基礎的学問が私よりなくて、株の上場をアゲバと言ったりね（笑）。

木村 でも、細川政権の次には羽田政権となりますね。

平野 いろいろありましたが、小沢さんは羽田さんとの約束を果たしたんですよ。

冷戦終結時に、歴史的必然性をもって現れた細川政権

木村　細川政権とは何であったのかという点で言いますと、政治改革を成し遂げるための暫定内閣でもあったという高野さんの指摘もありましたが、僕はやはり五五年体制が成立した以降では初めての非自民党政権として、冷戦終了後の一九九三年に細川政権は登場したのであり、のちの二〇〇九年、本格的な政権交代で登場することになる鳩山政権と同じような特徴、すなわち対米自立と脱官僚政治を目指すという共通点があったのではないかと思います。

例えば、細川政権の時に設置された防衛問題懇談会（座長は樋口廣太郎アサヒビール会長）がのちに出した樋口レポートは、それまでの対米基軸一辺倒の属国状態からの離脱を目指す姿勢を明確に打ち出していたと思います。

細川政権とは何であったのか、あるいは何を目指したのかという点については、お二人

はどのように考えてらっしゃるのでしょうか。

高野　おっしゃる通り、あれが何年か続く政権であったならば、政治改革は第一ステップで、次にいままでの自民党ではできなかったそういう対米自立の問題にも当然取り組んでいたはずです。明確に対米自立を意識していたかどうかわかりませんが、要するに冷戦が終わったというのに、自民党は（安倍政権のいまもなお）過去の惰性で生きていて、ポスト冷戦への積極的な戦略を描くことが出来ないでいた。そこにも実は、政権交代が必要な理由があったのだと思います。

木村　細川総理は安全保障問題などで日米間において、「成熟した大人の関係」を築くと言っておられましたよね。

高野　そうです。ポスト冷戦への日本の政治、外交・安全保障政策の適合ということが大きなテーマだったと思います、ポスト冷戦というのは何かというと、単に戦後が終わったというだけではない、もっとスケールを延ばすと、明治以来の日本の発展途上国型の統治スタイル、経済面で言えば経済成長最優先のイケイケドンドン、ひたすら量的拡大を追求した約一〇〇年間があって、その前半の国際環境が熱戦の時代、後半が冷戦の時代だったわけです。だから冷戦が終わると日本の戦後も終わると同時に、それと折り重なって明治以来の発展途上国が終わるという、三重の射程で時代の課題をとらえようということを、そのころよく言っていました。

そういうことが全部、細川政権というか、細川護熙首相の時代感覚の中に折り込まれていたと思いますよ。ですから、政治改革というのも、発展途上国一〇〇年の後ろの三分の一を担ってきた自民党政治を終わらせて、成熟先進国の一員と言われるに相応しい市民政治を創り出していくのですが、その大転換は過去の一〇〇年の一部である自民党では果たすことはできない。それが宮沢喜一首相が、改革を逡巡した理由です。だから自民党の分裂、そして政権交代が必要になった。細川政権が登場しなければならない、言わば歴史的な必然性があったということだと思います。だからもし三年、五年と長く政権が続いたとしたら、そういうことを順次手掛けて、冷戦構造のネジを一本ずつ抜いて鉄骨を外していくような作業を進めたに違いありませんが、結果的には、小選挙区制の法律を何とかつくっただけで終わってしまったのです。

防衛政策の革命的転換だった樋口レポート

木村　政治改革は小選挙区制というか選挙制度改革で実った部分があるというのと、もう一つやっぱり重要だと思うのは、さっき僕が触れさせていただいた、樋口レポートの問題だと思います。

高野　これは非常に重要ですね。

木村　これは政治改革と並んで、もう一つ国際貢献というものが湾岸戦争以来、叫ばれていたことの延長線上で、ポスト冷戦の世界での日米関係、日米安保の在り方をどう見直すかという問題として出されたと思います。この樋口レポートの内容と、それがどういう意義を持っていたかを少し述べていただけませんか。

高野　一口で言うと、国連中心の集団安全保障というものをベースにして、日米安保はその補完であるという路線を打ち出したわけです。これはえらいことで、アメリカは必要以上に警戒をして、いったい細川政権というのは何をする気なんだという危機感さえ持ったと思います。実際に最終レポートが出るのはもっとあとで、村山政権になってからですが、その議論の中身は途中から漏れ伝わってきて、すごく気になって、僕は旧知の樋口さんに何の議論をしているのか聞きに行ったりしました。それで、その最大のポイントは、いままで日米安保一本槍だったのに対して、国連ベースの多国間集団安全保障を目指す方向に発想を切り替えていくという、防衛政策における大変革命的な転換をはらんでいたのです。

木村　もう一つはアジアにおける多角的な安全保障機構の構築という構想も提起されていましたよね。

高野　だからそれは裏表なんですね。つまり国連そのものが、いわゆる集団安全保障体制として完全に機能するかどうかというのは、なかなか国連の現状を見て難しいことがある。そうするとそこでリージョナルな、あくまで国連憲章の精神に立って……。

木村　アジア版の国連みたいなもの、アジアにおける多角的な集団安全保障機構。

高野　そうそう。それはヨーロッパにおいては、ＯＳＣＥ（欧州安全保障協力機構）がそれこそポスト冷戦の安全保障を担う組織として出来ました。これは要するに、欧州地域に存在するすべての国が、ロシアや旧東欧諸国も含めてそこに加盟し、普段から丸テーブルを囲むようにして顔を突き合わせて紛争を予防し、さらに紛争が起きてしまった場合でも、あくまで欧州のその枠組みの内部でPKO(平和維持部隊)を編成し派遣するなどして、何もかも国連に持って行かないという趣旨のものでした。冷戦直後のドイツ・フランスなどは、それを将来的にはNATO(北大西洋条約機構)に代わるものに成長させていこうと考えていたわけです。

ところがアメリカはそれが嫌で、「NATOの盟主=アメリカ」というポジションを守りたい。そこでそのOSCEの役割を停戦監視とかそういう限定されたものにして、NATOの存続を図ろうとしました。しかしNATOはまさに冷戦の産物でありその象徴であって、その本質は旧ソ連を盟主とする東側のWTO(ワルシャワ条約機構)を潜在的な敵と定めて、いざとなれば核をも含む全面戦争も辞さずという態勢を整えてきた敵対的軍事同盟です。冷戦が終わって、ゴルバチョフは「もうそういう時代は終わった」ということで、さっさとWTOを解散してしまった。〝敵〟がいなくなったのに、なぜNATOは存続するのか、実はその理由はない。単にアメリカが欧州支配の管制塔としてそれを維持したい、そうすることによって欧州という米軍産複合体にとっての巨大な兵器市場を維持したいからですが、そのホンネを口にするわけにはいかないので、欧州内で戦争が起きる可能性は確かに消滅したけれども、欧州の東に接する中東・イスラム圏には危険が一杯で、場合によって米欧が共同で武力対処しなければならない事態も起こりうるという理屈をつけて、それを「NATO外延化」といいましたけれど、そういう考えを押し付けたのです。

それと同時に、「NATOの東方拡大」も始まった。NATOは言うまでもなく旧西欧の軍事同盟だったわけですが、これを旧東欧諸国にも広げて加盟国を増やそうということになって、東欧や旧ソ連のバルト諸国までを次々に取り込んでいった。それらの諸国は、かつての旧ソ連の支配からは解放されたものの、依然として大国であるロシアの圧力に晒されていて、それに対するカウンター・バランスとして西欧やアメリカとの関係を強めたいと思っているので、それにつけ込んで加盟させ、場合によると米軍基地を新設したりアメリカ製の武器を売り込んだりした。それをロシアの側から見れば、以前の勢力圏下にあった国々が一つ一つ剥ぎ取られるようにして「ロシア包囲網」を形成しようとしているのかと疑心暗鬼になるのは当然です。それがついに、かつては兄弟関係とまで呼び合っていたウクライナにまで及んだ時に、とうとうプーチンは我慢できなくなって、ウクライナに対して石油供給制限をかけると同時に、同国内のロシア人住民の自治確保、本来はロシア領であるクリミア半島の制圧という反撃策に出たのでした。

私は、このアメリカのNATOへのしがみつき、そのための「東方拡大」と「外延化」という屁理屈こそ、冷戦思考を脱却できないアメリカの象徴で、これが中東を含む世界に余計な戦乱や紛争を撒き散らす根源だと思っています。それで、その同じ旧思考をアジアにまで持ち込んで来たのが、「日米安保再定義」の名による日本自衛隊の対米集団的自衛権の解禁、中国脅威論や北朝鮮危機論を過剰に煽り立てて「中国包囲網」「北朝鮮包囲網」をつくり上げようとする「アジア・シフト」策です。安倍政権が強行採決までして無理に成立させた集団的自衛権解禁の安保法制とは、結局、「日米安保の外延化」、アメリカが日本を引き連れて中国や北朝鮮と戦争する態勢を整えようとするところに狙いがある。ところが本当に戦争をする気かと言えばそうでもなく、危機を煽っておいてアメリカ製の最新兵器を売り込むという目的がむしろ主であるのかもしれず、それに安倍はまんまと乗せられているのです。樋口レポートの意味はそこにあったわけです。

木村　いま、ヨーロッパにおけるOSCEと言われましたが、それはアジアで言えば、ASEAN地域フォーラム的なものといえますね。ただ、ヨーロッパ統合の中核としてはやはり欧州共同体・EUの動きですし、のちに鳩山政権が打ち出す東アジア共同体構想もそれにつながる発想だったんですね。

高野　その通りで、その点で鳩山政権は細川政権のやり残したことをやろうとして、しかし、やはりうまくいかなかったということですね。

木村　その原点が樋口レポートの中にも見られたということですね。

細川政権成立当初からあった政権内部の裏切り

木村　その細川政権が最終盤に国民福祉税の問題とか朝鮮半島危機とか、あるいは政権与党内部での小沢さんと武村さんとの対立とか、社会党内部の対立と左派排除の動きなどもあって、最後までぎくしゃくしながら、結局、細川政権は短命で崩壊していったという経緯がありますが。

平野　要するに総選挙の前に、野党の選挙協力で新しい政権をつくろうという協議をする時、細川さんの日本新党は乗りたかったけど、武村さんのさきがけが反対したのです。というのは、さきがけには自民党と組む予定があったからです。それで社会・公明・新生、それから社民連で選挙公約をつくった。

やはり新政権は太平洋戦争で迷惑をかけたところに出て行って、謝罪すべきだということです。また、ただ謝罪だけではなく、やはり彼らのインフラをアジアの共同体として日本が資金的なものを出して整備して、一部でアメリカもからめながら、東南アジアの一つの経済協力圏、政治協力圏というものをつくったらどうだということになったわけです。そのための一〇〇兆円ぐらいは一〇年計画ぐらいで調達しなきゃっていう法螺を吹いたわけですよ。

そのころ確かまだロシアは大混乱していまして、あまり気にする必要なかったんですよ。それを浜松で羽田さんに記者会見をさせたのですが、ところがその日に北海道で地震が起きまして……。

高野　奥尻島。

平野　それで国内ではあまり報道されなかったんですが、国際的には外国人に対して浜松での羽田さんの記者会見が報道されたんです。鳩山さんの提唱する東アジア共同体の元にもなっている。

それから細川政権が成立して重要だったのは、山花さんと私たちでは選挙制度の並立制は仕方ないが、しかしフィフティ・フィフティ、つまり定数五〇〇人に対して、小選挙区二五〇・比例代表二五〇ですよということは、小沢さんや細川さんも納得して、政府案をつくるわけです。ところが、それが参議院で否決されたものだから、自民党案を丸呑みにして三〇〇と二〇〇になってしまった。フィフティ・フィフティだったら、山花さんたちも言ったことが多少生きるだろうということだったのが、そこがうまくいかなかったわけです。

木村　フィフティ・フィフティだったらより多党制に近づいたわけですよね。

平野　それからもう一つ、ウルグアイラウンドというのが大変な問題で、やはり社会党が非常にもめて、久保亘さんが政党代表で与党交渉にあたっていた。彼は社会党の書記長として、政府・与党会談の中心人物だったんですよ。それで久保さんが集中的に叩かれるわけですよ。のちに、小沢が叩いたっていうことになっていますが、そうじゃない。一番いやらしく叩いたのは、ほんとうは市川雄一公明党書記長なんですよ。夜遅く会談が終わって、がっくりした久保さんから僕に電話あるんですよ。「会館に来てくれ、部屋に一杯飲みに来てくれ」って。それで一杯飲みながら愚痴を聞くわけです。

高野　ウルグアイラウンドって具体的に何が問題だったんでしたっけ?

平野　やっぱり農民票ですよね。

高野　農民票か。農業の対外開放ですね。

平野　要するに社会党が一番自由化反対でしたからね。ウルグアイラウンドでいわゆる自由化の一歩があったわけでしょ。実はオリックスの宮内義彦さんなんかが、そのころまでは僕ら、まだ付き合っていたわけですよ。それで彼らはもうはっきりと政治改革で政権交代可能にするような状況にしておいて、政治の民主化を一歩進めておいて、その後にいわゆるアメリカ式の新自由主義政策を導入しようという魂胆があった。

木村　小沢さんもそのころは新自由主義者だったのではないのですか？

平野　いや、新自由主義者じゃないんです。日本の経済運営の古さ、おかしさ、異様さというのは残っていましたからね。例えばどういう言葉を使ったかというと、国際的に確立している普遍的な市場原理は守るようにしなきゃダメだと言ったわけです。問題は、日本的な談合です。そのころ、ゼネコンが六〇％取って、あと下請け、孫請けというような構造で、それが自民党を成立させていたわけですから、それを破るとか、それからいわゆる金融機関の「船団方式」って言いましたね。

高野　護送船団方式ですよね。

平野　そう。これはやっぱりやめないといけないんだという主張だったわけ。だからそういう部分というのは新自由主義もあったでしょう。

木村　構造改革、規制緩和ですね。

平野　そう、構造改革。構造改革という言葉は、われわれが最初に使ったんですから。またそれが、細川さんが大好きでね。特に小池百合子が大好きで（笑）。

木村　そのころ同じ仲間でしたもんね。

平野　だからそういう面というのは、やっぱり小沢さんも細川さんもあったわけです。

高野　ありましたよね。それは僕に言わせると、脱発展途上国なんですよ。政治が官僚体制に過度に依存して、政治家はその官僚体制にまつわりついて予算の配分で口利きをしたりして利権をむさぼるという発展途上国型の構造。それを打ち破ろうという時に、新自由主義のイデオロギーが動員されたのですね。

平野　だからわれわれはそれを変えようという。

木村　壊さないといけないという必要な過程ではあったんですね。ただ、それが行き過ぎたのが新自由主義なんですね。

平野　フリー、フェアということは二つあったんですが、宮内さんのほうはフリーだけなんですよ。フェアがないんですよ。いや、フェアも少しあったかもしれませんが、別のフェアだった。私が議員になったばっかりのころは、仲間意識を持っていて、経済同友会の会報、月刊雑誌なんかにも登場させてくれまして、スポンサーになってもいいというような雰囲気があったんです。だけど僕は、「これはおかしい、違う」と思ってから離れていったんですよ。小池さんはそのころは宮内さんなんかと、もういろんな関係が深かったんじゃないですか。しかし僕は、そのあたりから新自由主義の連中とは縁を切るんですよ。

木村　小池さんは当時は日本新党ですよね。

平野　そうです。それで結局、国民福祉税というのは……。

木村　あれは突然出てきましたね。

平野　あれは元大蔵次官で、郵政の社長になった斎藤次郎、あれが中心になって、大蔵省が細川と小沢に持ち込んだんですよ。で、要するにウルグアイラウンドがなんとかうまくいった時期で、有頂天になっていたもんだから、これも一挙に進めたほうがいいということになったのでしょう。私には相談がなかった。私のところに相談があったら、馬鹿な事するなと言ったんですけど、そこらへんはやっぱりあの二人は純粋な青年政治家なんですよ、言っちゃ悪いけど大人の知恵はなかった。

高野　乗せられちゃったわけだ。

平野　それで大蔵省に乗せられて……。もう一つ悪かったのは、武村は事前に知ってましたね。それであれも一種の武村のやり方なんですが、ああいう悪いやり方はやっちゃいけませんよ。

木村　あの記者会見は夜中でしたよね。

平野　細川さんにしてみりゃ、話は聞いていたかもしれませんが、どこまでが自分の意志だったかよくわかりませんよ。結局僕があとで聞いたのは、武村さんが後藤田さんに先に言ったたっていう話なんですね。福祉というかたちに消費税を切り替えていこうというのは武村さんも考えていたみたいですね。そんなことで、結局、先に自民党に漏れちゃったんですね。

だから次の日に僕は、当時の社会党の政策関係の連中に呼びつけられて、「おまえがおるのに何やってるんだ」って責められる。それで、細川と小沢さんというのは混乱させてから、私のところに収拾してくれと来るわけですよ。

木村　困ったときの平野頼みですね（笑）。

平野　しかし、何を言ったたってもう話がつかないんだ。それで、あれからむしろ武村ペースになるんですよ。

武村さんは政治改革法、選挙法とか政党助成法とかああいう一連のものを衆議院で通す時から、自民党との提携をうんと考えていたんですよ。ですから細川さんが辞めた時、私に言ったのが、誰が一番の敵だったかと言えば、武村だったと。もう細川内閣をつくった時から倒閣運動を始めていたって言っていました。

それで結局問題は、衆議院は解散前にまじめに議論しましたが、参議院では政治改革問題をほとんど議論していない。それで参議院で猛烈にもめて、途中で私が参議院の政治改革委員会の理事になっていろいろムチャクチャをやるもんだから、また余計に自民党は怒ってしまうんです。あの時には、憲法論争もやりましたからね。結局、年末の一二月になって、本予算を優先させるか、政治改革を優先させるかという議論になります。本予算を優先させるというのは武村で、政治改革を優先させるというのは小沢だった。それからもちろん細川さんも政治改革法案を年内に成立しなかったら責任を取るって言っていましたからね。

そこで武村・小沢を仲良くさせなければならないから、どうしたらいいか考えろというのが細川さんの命令で、私がいくら猿知恵出したって仲が直るわけがない。結局うやむやのまま、補正予算を一四兆円、不況対策でしたから一四兆円ぐらい。

木村　それは大きいですね。

平野　地方の振興を中心とした補正予算を出して、それで景気の問題だとか本予算が遅れるのはしょうがないとなったんです。その時に世論は圧倒的に政治改革優先なんですよ。そこで、正月を越えた会期延長を国会史上初めてやるわけです。しかし、最終段階で否決になるんですね。社会党から一七人も造反が出て……。

木村　離反者が？

平野　ええ。細川政権を潰す作戦は、もう前の年の一一月のころから始まっていたんです。久保さんがあとで知ってものすごく怒るんですがね。社会党の鳥取出身で、のちに官房長官になった野坂浩賢。それから亀井、野中、社会党の北海道の伊東秀子などが、武村と一緒になって細川政権を潰すという動きを始めていたようです。

高野　震源地は亀井静香ですよね。

平野　ええ。その結果が、社会党の一七名ですね。

解散見送りで幻となった小沢の後藤田内閣構想

平野 さてそこでどうするかという時に、小沢さんから「俺が細川に会うわけにいかんから、あんたが行ってきてくれ」と言われて、夜中に官邸まで行って、細川さんと議論するわけです。小沢の構想は、両院協議会だって通るかどうかわからない、衆議院がこれを了解しなかったら話がつかないので、やはり衆議院解散するしかないとなるわけです。それでその場合、本当に衆議院を解散する腹があるかどうか、解散したあとどうするかという話で、小沢の構想は後藤田内閣をつくろうというものがあった。

高野 ほおー、それは知らなかった。

木村 後藤田内閣？

平野 いや、初めて話すことです。自民党を割るという。

木村 後藤田さんが自民党を割って出ていって、ということですか。

平野　ええ。小沢はそういう構想を持っていました。またその時には細川さんは公家さんの顔じゃなくて、武士の顔になっていましたね。細川さんには二つの面があって、公家さんの時にはもうどうしようもないんですよ。一切、小沢さんに任せます。それで結局、両院協議会で合意が成立したわけですよ。そこで決裂して衆議院解散となって後藤田内閣をつくっていたらおもしろかったのにね（笑）。

高野　逆におもしろかったでしょうね。

平野　非常に不満足な成立の仕方ですけど、これから整備していけばいいことで、政治改革の第一歩が踏み出せた。しかし、政権を維持していくためには、これからどうすればいいのかということです。小沢さんのところへ山崎拓から、もう自民党がだいぶガタガタしていますから、ミッチーが協力する気持ちがあるという話があって、小沢さん曰く「わしが出回るとまたろくなこと言われないから、大事な話だから、細川に連絡しとくから、極秘に細川とミッチーさんを会わせてくれ」というので、深夜官邸の裏からミッチー、山拓が入り細川と会うんですよ。

そこで経済改革、構造改革はまだ言わなかったですが、一言で言えば、小泉とは違った意味のいわゆる自由化でしょうな。適度の自由化ですよね。それから経済を活発にするという、経済改革をやるなら協力すると言って、その時にミッチーさんが言質取るって要求するんですよ。それが二月の初めごろですから。いずれミッチー派を自民党からこっちに引っ張り込むという一つのデザインが小沢・細川の間にできるんです。私がそれの根回し役になるんですよ。それでこっち側としては極秘だけど、見通しがつくわけです。あそこから三〇人ぐらい来れば、大騒ぎになりますからね。

同時に難問題もあったんです。それはミッチーが郵政改革、特に全逓を叩く本を出していまして、全逓がミッチーを非常に嫌がってたんです。あのころ私はそれの調整もあったんですが、いずれにせよ、それは妥協できるだろうということで、その二月に、アメリカとのきちっとした関係をつくってこようということで細川がアメリカへ行きました。これで信頼関係はもちろんつくれたんですが、クリントンとの話し合い自体は合意に至らなかった。細川をアメリカは結構、警戒していたわけですよ。

木村　アメリカ離れですからね。

クリントン政権から指示された武村排除

平野　ただ同時にあのころ、僕は在日アメリカ公使から聞いたんですが、アメリカ側も日本に自立させようという話もあったのです。例えばＰＫＯ協力法はもうできていますからね。

それで私は、ＰＫＯ訓練センターの誘致を国連の明石事務次長に話をして、日本に持ってくるという動きをしていました。

木村　そういう話もあったんですか。

平野　私の田舎（高知県）の宿毛湾近くに国有地がありまして、沖縄の米軍基地を移し、将来の国連軍をここに持ってくることを前提に、そこにＰＫＯ訓練センターをつくってはどうかという案です。

そこで話をもとにもどすと、クリントンと細川の会談は不調で、共同声明も出さなかったわけです。当時、朝鮮半島がもめていて、先ほども話に出た朝鮮半島危機ですよね。それでクリントンサイドからは、あなたの内閣には北朝鮮のエージェントがいるんじゃないかって言われたんですよ。その人物を閣内から追い出せってアメリカから言われたのです。

高野　武村のことですね。

木村　そうか、そういった情報もありましたね。

平野　本当にそうアメリカに言われているんですよ。それで当時、新しい政策やテーマをつくって、そのために内閣改造をしなければいけない状況になっていましたが、おっちょこちょいの細川さんがそれを一足早く、アメリカで内閣改造すると言ってしまうわけです。だから世間はもう内閣改造するという雰囲気になっているわけですが、帰ってきてよく聞いてみたら、クリントンから内閣改造しろということを言われているわけです。

木村　アメリカから、直接名指しだったんですね、武村排除は。

平野　もう完全にそういう部分はありましたからね。彼の資金は北朝鮮系のパチンコ業界からもらっているとの噂がありましたから。

細川政権潰しの仕掛け人だった亀井静香

平野　それからいろいろあったんですよ、内閣改造するという話を出したら、もうそのころは細川内閣を潰す話が裏で進んでいるから、社会党村山、それから民社の大内啓伍も問題でした。その大内を中心に改造反対だというわけですよ。それでこっちの計算としては、それより経済改革をやる、そのためにやっぱり閣僚は代えたほうがいいと。政治改革の第一目的は終わったからということで、これからは経済改革をテーマにする。しかもミッチーさんと話しをしているわけだから、そういう動きに対して反対だということになって、そこで細川さんは一回発表したやつを取り下げるんですよ。それで羽田と小沢が怒ったんですよ。「一回記者会見して公約発表したら、それに抵抗があっても守るのが総理じゃないか。権力者じゃないか」というので、ぎくしゃくあって、細川さんが困って相談があったんです。何とか、二人を説得してくれと言う。

その時に一番困っていたのは、政府・与党協議で混乱の原因をつくる市川の扱いだったんです。だからその市川を入閣させるのも一つの目的だったんです。ごちゃごちゃ言われないようにです（笑）。

木村　入閣させてうるさい人物を封じ込める策ですね。

平野　それで小沢さんから市川に入閣することを説得しろと言われて、僕が行くんです。でも納得するはずないじゃないですか。参ったなと思って、もうやめたと投げ出していると、なんとかしろと言われて、結局私が出した案は、アメリカとの約束のことがあるから、官房長官を交代してはどうか。その名目は石原（信雄）副長官が一二、三年ずっと続けているんです。中曽根内閣からです。この人の功労を評価しなければダメだということで、武村さんは、内務官僚の後輩だから、これだったら退くだろうと考えたのです。また、経済改革をするためには官庁を抑えなきゃダメですから、経済改革担当の石原さんを官房長官にして、その体制をつくってもらうという案を出したら、小沢と羽田が喜んじゃって、よし、それで行こうというわけです。それを今度は二人で、俺らが説得すると言って細川さんのとこに行くわけですよ。ところが細川さんも一生懸命やったけど、武村を罷免するわけにもいかない。結局、それは潰れるわけですよ。

そこで、羽田、小沢は内閣改造はできないとして、細川首相と一致します。私は、こんなことでは政権はもたないと怒ったのです。

「平野が怒っているなら、田中秀征補佐官と並べて、補佐官を二人にしろ」なんていう話が出て、よけい僕は怒りましたよ。「ふざけるな」って言って。それで一週間ぐらい口もきかなかったら、羽田さんと小沢さんが、「もういい加減にしろよ。せっかくわれわれでつくった政権じゃないか」ということになったのが三月の末でしたかな。それでいよいよ予算案の審議が始まって、例の佐川急便の問題が起こり、それを徹底的に突っ込まれて、もうその時には社会党も完全に予算委員会の運営なんかでも、自社さ寄りでやってるわけですからね。予算委員長はヤマツル（山口鶴男）だったかな。その時土井たか子とかもなかなか厳しいこと言ってやっていましてね。それでどうにもならなくなったんですよ。

木村　佐川急便問題というのは細川さんのお金の問題ですけど、それは二段階あったという話がありますが。

平野　私は役人時代は、議員逮捕などという時の特捜の窓口だったんです。ロッキード事件では前尾前法務大臣が議長になって、私は議長秘書として、法務省・検察の幹部が三権分立を侵して、しょっちゅう議長になんだかんだ言ってくるので、その対応をやっていて、よく法務省の連中を知っていました。細川さんは政権をつくる時、私を参議院議員のまま秘書官にしようという構想を持っていたくらいで、結局それは法律的にはできないことでしたが、つまり、細川さんにしてみれば、私は秘書官みたいなものなんです。それであんたは法務省に顔が広いから、佐川急便には必ず私が返した領収書があるはずだから、それを国会に資料として法務省から出すように口説いてくれって言うわけです。官房長だったのが私といろいろあった則定（則定衛）で、彼が調べてくれたら、確かに領収書もあるし返している、また返したという記録も佐川側の押収している資料にあるというんです。しかし、そこを出すと、どんな政治家が借りて、ほとんど返していないかということがわかって大変なことになる、だから総理といえどもそういうものを出すわけにはいかん、というのが結論なんですよ。

しかし、それが確実にあるということがわかれば、ある意味それでいいわけで、それで突っ張るということになった。細川さんは気力的にはだいぶ弱っていましたけどね。

そこで出たのが、亀井がある晩、細川に電話するんですよね、亀井はそのことは言わないけど。亀井が出した情報は、細川の政治団体が、細川ブームで政治献金も多いからたくさんカネが集まるのですが、それをサラ金に貸して、運用していたといった話だったんです。その話は知らない？

高野 そりゃ知らない。

平野 それを持ち出してきて、そのことが細川さんが辞める引き金だったんですよ。冷酷な人だったら乗り切るだろうけど……。

木村 それで嫌気がさして細川さんが辞められたと？

平野 それで嫌気がさしたというのが、私は真相じゃないかと思う。しかし亀井は僕らには「兄貴が広島知事選挙に出るのを最初は、細川は協力すると言っておいて、最後はほったらかしにした。そして、兄貴は結局落選した。それが恨みだった」というふうには言っていますけどね。政治家の事務所がサラ金にカネ貸すのも、当時はよくあったそうです。だから政治資金規正法でやめたでしょ。

高野 とにかく細川政権潰しの仕掛け人は亀井でしたね。細川政権が出来たその秋、一〇月ともなると各選挙区から、知事、市町村長、議員、後援会のボス等々が集団を組んで上京して陳情を繰り広げるのが永田町の風物詩のようなものですが、この年は議員会館がガランとしていて、自民党の先生方は「陳情が来ないんだよ」とパニック状態になった。その頃に地方に行って市長さんとか町長さんに会って聞くと、「え、新政権になってもう昔ながらの陳情は綺麗さっぱり止めました」という人が多かったけれども、中には、一人だけですが「どうしたらいいのかよくわからないので、野党・自民党の先生と与党の側と両方に行くのでかえって手間が増えた」という町長もいました。それで私は、これは大変なことが起こっている、と。橋だ道路だ公民館だと、予算に手を突っ込んで地元に利益をもたらすのが議員のなりわいだとすると、それが成り立たない。これを三年、出来れば五年続けて、自民党を野党に塩漬けにしておいたら、まさに発展途上国型の政治が変わるな、と思った。逆に言うと、自民党の先生方はこの「陳情が来ないんだよ」という状況に耐えられないはずで、どんな手でも使って与党に復帰したいという衝動を深めているのだろうなと想像がついた。その与党復帰衝動の象徴が亀井で、彼はまず警察の古いファイルから県知事時代まで遡って細川のスキャンダルを拾い出して、佐川などで攻め立てる。細川さんは殿様で、普段も財布など持たずに外を出歩いて、飲み食いしても店に金を払うということをしたことがないと言われる人だから、まして自分の政治資金がどうなっているかなど知らないし興味もない。それが国会でああだこうだ言われると、「あ、面倒だ、もう辞めよう」となってしまうんですね。

細川総理の議員辞職を引き止めるための説得工作

平野　細川政権が、これから経済改革をやろうという時に、政権を成立させた時の政策合意じゃダメなんですよ。それで社会党も含めて、新しい政策合意をやろうということになります。

結局どことどこの意見が一番対立するかといえば、社会党と旧自民党の新生党の意見なんです。公明党もそんなに文句を言わないですよ。それで私が政策協定をつくる非公式な、裏のフロントになってやろうとしたのですが、社会党は国会議員が出てこないんですよ。日本女子大の高木郁朗さんが出てきて、私と馬が合いまして、実に協力してくれまして、それで難なくできたんです。新生党側もＯＫ、社会党もＯＫ、なかなかの男だったですよ、あの男。それで私の仕事は原案をつくればいいわけだから、ほっとしていたら、小沢さんからニューオータニに呼び出しがあって、私が「私の仕事は済んだので、もうあんたの要件は聞かんよ」と言っていたら、「それどころじゃない。細川さんが辞めると言い出した」って言うんですね。「どうしてですか」と聞くと、「難しいことが起こった」と言うわけです。「やはり自分も責任を取らなければならない。総理だけではなく、議員も辞めると言い出した」って言うんです。その話知らないですか。

高野　知らない。

平野　よく聞くと、細川さんの家老職の永田さんっていうじいさんと小沢一郎の二人は「そりゃ、立派だよ」って褒めたっていうんですね。それで僕は怒ったんですよ。「あんたたち何を考えてる」って。小沢さんは「だけど潔さは立派だろう」と言うわけ。「それは立派だけど、しかし完成した政治改革を否定することになるんじゃないんですか」と僕は言ったわけですよ。「そうなんだよ。悪いけど、行って説得してくれるか」と言うわけです。みんな僕を秘書官役に見ていたからね。

それで細川さんのところに行こうとしたら、外国のお客さんが来てパーティをやっとるというんですよ。それで、明日発表するというから、今夜中に説得してくれとのこと。それで僕は「どうやって入るのか」って聞いたら、永田さんが「仕出し屋のトラックがあるから、そのトラックの後ろに寝て、それでホロを被せて入ればわからないから」と言うので、そうやって中へ入ったんです。パーティの終わるのを待ってから、「総理を辞めるのはやむを得ないけど、議員まで辞めるというのはどういうことですか」というやり取りをだいぶやったわけです。しかし二時間やっても話がつかなかった。やっぱり聞かなかったです。さすが公家さんのああいう方はどうにもならんね。

それで私も、こりゃもう言ってもしょうがないと思って、「あんたには近衛の公家の血と細川の武家の血とがあるが、武家の顔になった時には立派なことをやれるのに、公家の顔になったらどうにもならん」、「藤原家の人たちが議員も辞めることを知ったら、日本のこの国をずうっと守護してきた藤原家の守後霊というのは天皇にも続くでしょうし、さぞかし嘆かれるでしょうなあ」と。私は古代史と超世界の話が好きだから、「私にはわかりますよ」ってこんな話をしたのです。すると、細川首相の顔がビクッと動いたんですよ。「あ、こりゃ効いたな。朝になったらわかる」と思って、ホテルで待っている家老と小沢さんに、「うんとは言わんけど、私も限界までやったから待っていてくれ」と言ったら、朝彼らに「議員は辞めない」と細川が言ってきたんですね。ほんとに、散々苦労させられましたよ。

木村　でも辞める時期を結果的にずらしたんですね。

平野　それから細川さんが辞めて、いよいよこれから高木さんと合意した政策の合意をやるという時に、さきがけはもうこの次は内閣から離れるということを事前に言ってたんですよ。社会党は内閣に残る予定でした。

高野　最初はそうでした。

平野　その時に小沢さんから電話があって、細川が辞めるについて、政府与党会議で自分はみなさんに迷惑をかけて、いろいろお世話になったけど、考えてみるとやはり総理の背景に一つの政党でなくてもいいから、きちっとした大きな会派を立脚させなきゃ、この次の政権もやっていけない。新しい政権には、いずれ政党に合流するにせよ、まず会派をとりあえず、話のつくところでつくってくれないかということで、社会党はそのまま、あとで議論しようということにして、公明・民社・新生というところがいっしょになる会派をつくろうということになったわけです。

その時にいろいろあったみたいですが、小沢さんのところへ大内さんから、社会党とも話がついたと連絡があったそうです。それで総理大臣の指名投票をやりますが、投票ではもう羽田さんが最多で、社会党も羽田に入れて、さきがけは入れずに、羽田さんに首班指名が決定したわけです。次に内閣をつくることになります。そのため小沢さんから、閣僚の配分のために会派をすぐつくってくれというわけです。それは確かな話かって確認したら、大内から正式に話があったんだっていうんですよ。だから間違いないという。そしたら社会党より人数が多くなる会派になります。あのころ八〇人ぐらいでしたから。そうすると民社に配分が増えるんですよ。そういう計算もあったんでしょう。

そこで私が事務局をリードしてすぐ手続きさせたわけです。そしたら公明もそれから民社も、そんなこと聞いてないとかなんとかっていろいろ雑音が入っていましたけど、私は小沢さんの指示ですから、やったわけですよ。そうしたら、閣僚の配分どういうふうにするかという政府与党会議やった時に、村山社会党委員長が「俺はそんなこと聞いてない」と。要するに社会党よりは新会派の数が多くなり閣僚の配分が上になるわけですから、村山さんは怒ったわけです。

木村　改新です。

平野　聞いてないということですが、社会党にも影響しますから、聞いてないはずはないですよ。それで党と相談するって言って帰って、村山さんが政府与党会議に来なくなったわけです。それで新政権は自滅行為をしていくわけですよ。だから羽田首相は社会党も投票してつくられたけど、内閣が発足した時には衆院で過半数を割って少数になっていました。

高野　結果的に利用したんですよね。

平野　実はその前にミッチーさんを参加させるというドラマが一つあるわけですよ。これはミッチーさんが睡眠薬飲みすぎで寝すぎたとかなんとかっていうことだったんだけど、自民党のまま内閣に入るというから、これは許されないわけですよね。

高野　裏切りじゃないですかね。

平野　彼らはね、そういう感覚ですからね。だから日本の政治家では、いまでもそんな感覚の人、デモクラシーがわかってない人はいくらでもいますよ。それでミッチーも自民党との関係がおかしくなるし、それから社会党は出るしということでバラバラになっていく時に、民社の大内が記者懇で、「あの会派は小沢の指示でこういうことの専門家である平野が勝手にやったんだ」と言ったんですよ。酒が入っていたかどうか知らんけど。

それで私は「何を言うのか」ということで、次の日に問題にしたわけですよ。結局大内の言ったことは嘘だということがわかって、彼は民社党代表を続けることができず、辞めましたよ。それで例のカラオケ好きな京都大学相撲部出身で旭化成の米沢（米沢隆）、あのおっさんが代表になるわけです。それで四、五、六月と羽田政権が続くわけです。

三年間、自民党が野党のままでいれば日本政治は大きく変わっていた

木村　羽田政権は非常に短命でしたね。さきがけと社会党などが閣外に出て少数与党になったからですかね。

平野　国会の指名投票では多数で、発足する時には少数になっていますからね。いや、もうその時には暮れから潰すという連中の思惑が動き出していますからね。

高野　先ほどの細川政権潰しは亀井静香が震源地でしたが、それに続く亀井演出第二弾が自社さ政権づくりです。総理大臣なんてお神輿みたいなものなんだから誰だっていいんだと。村山富市委員長に総理になって貰いたい、そうすればあなたがた社会党の重鎮もみな大臣ですよ、とじいさんどもをたぶらかしたんですね。

平野　社会党の左派ですよね。私から言わせれば、私が議長秘書とか事務局をやっている時に、内閣から来た機密費を盆暮れに配っていた連中ですよ。それから議運の海外旅行に官

房長官から来たカネを使ってタダで旅行していた連中ですよ。国対とか議運とかの。山口鶴男。
高野　そう、山口鶴男、それから野坂浩賢。
平野　神奈川から出ていた全逓の出身の大出俊。必ずしも左派でもないですけど、それと自治労系ですよね、だいたい。
木村　爆弾男といわれた大出俊さんですか。
平野　そうそう。あれ爆弾なんて、しょっちゅうカネもらっていましたからね。
高野　そうねえ、ちょっと事情が変わるとすぐ不発弾になってしまう。楢崎弥之助なんかもそうでしたね。
木村　ということで羽田政権が短期で崩壊したあと、自社さきがけ政権ができて、村山さんが首班になっていくという経緯なんですね。
平野　自社さができる時に、社会党の久保さん、それから山花さんたちは自社さ政権をつくるのに反対しました。
高野　そうですね。若手のニューウェーブの会ももちろん反対。
木村　反対もちゃんといたんですね。

高野　路線は左派でも体質は右派というじいさんたちが前のめりになっていったわけですよね。だからその時僕らは、ニューウェーブなどといっしょになって、なんとしても第二次羽田政権をもう一回、さきがけはいいから、社会党だけは政権に戻して、第二次羽田政権をつくると。羽田さん自身ももうダメだって言いながら、半分はその気だったんですね。

平野　その時私たちは海部俊樹さんを立てる方針だった。なぜそうしたかというと、やっぱり羽田政権が総辞職して、また羽田政権っていうわけにはいかなかったんです。そこで僕らは解散することを主張したわけだ。それが覆って解散できなかったということ、それが一つ。そこにも謀略はあったと思います。あそこで解散していたら羽田政権は間違いなく続いたんです。羽田さんから相談があり強く言いましたが……。

高野　そうですよね。それで組み直しになって、どうしたら改革の旗を守れるか。要するに、この自社さ政権構想の何がダメだって、僕ら散々社会党のじいさんたちと議論しましたけど、先ほども言ったように、自民党が野に下って陳情も来ないという状態を最低でも三年、できれば五年、野ざらしにしておくことがこの改革の最大の眼目なんだ、と。

平野　陳情がないっていうのはカネがないっていうことになるので効果的ですよ。

高野　ないんですよ。だからこれは一年じゃダメで、三年、出来れば五年。そうしたら完全にこいつら日干しになっちゃうぞと。

木村　それは、鳩山政権の時もそうでしたが、自民党を離党して民主党に入ってくる議員が次々と出てきたというのといっしょですね。

高野　そうでないと、単に小選挙区制の制度をつくっただけでは政治改革には到達しない。この大事な局面でどうして社会党が村山を差し出して、自民党が早々に政権に復帰する手引きなどするんですか。自民党は総理なんか取らなくたっていいんで、要するに政権に就いてりゃまた陳情が来るんだと、役人は来るんだという腹だったんですよ。だから古い構造が残ってしまう。それは絶対良くない。もう改革の旗を下ろすというのと同じではないかと言ったのですけれども、結局ダメだったですね。

阪神・淡路大震災で幻となった山花政権構想

平野 それで一九九四年に自社さ政権が成立する流れの中で、社会党の山花さんを中心に、三〇人ぐらいがやっぱり出たい、独立したいということを言い出したわけです。それで小沢さんと私は仲良しだったですから、彼らの相談に乗ってやれということで、私が相談に乗って、すぐに党を離れるということは党の規約でなかなか難しいのでまず社会党と別に会派をつくるということで、年明け、一九九五年の一月に私、山花さんと話をつけました。そのころ山花さんは三五人ぐらいいるよって言っていたんですが、実際二八人ぐらいがこっちに来れば村山政権を倒せたんですよ。それで、三〇人の社会党の党員で別の会派というのをつくるというシナリオができまして、私は衆院事務局に行って会派届の用紙も取ってきました。社会党の中では、それを認めるか認めないかかなり議論になりましたよ。しかしそういう混乱が一つ必要なわけですよね。それで山花さんもうれしがってくれて、その時に、これが成功すれば今度は山花政権をつくろうと小沢さんと話したんです。そしたら小沢さん曰く、「わかった。私が日本にいたら自分が仕組んだと言われるから、正月過ぎたらアメリカに行く。いなきゃそんなこと言われんだろう」って海外旅行に出たんですよ。というわけで、その間にやったわけですよ。

それで三〇人まで行くか行かないか、ちょっと確認できてないんですが、いよいよ書類上間に合ったと。明日の朝、まずは社会党の国対委員長に出して、その次に議長のところへ、社会党から正式に届けがあるはずだけど、こういうことで報告に行くという台詞までつくって楽しみにしていたら、突然あの阪神・淡路大震災ですよ。

高野　すごいタイミングでしたねえ。その裏では僕も実は噛んでいました。

平野　そうでしょ。

高野　自社さ政権をつくることに山花さんは最初から反対だったのですが、久保亘さんも余り賛成ではなかった。久保さんは現役の書記長だったから、その立場で何とかしようという考えがあって、それは社会党を丸ごとつくり変える党改革を進めつつ、さきがけとも合流して新党にしたいという話で、それに噛んでくれと言われて、私や宗教学者の丸山照雄さんなどが入って何回も会議をやりました。しかしこれはほとんど進展せず、というのも、自社さ政権をつくってしまったこと、それでやってみて実際にどうだったのか、何を反省して教訓化するのかについて何ら総括もなしに、結局のところ、村山＝社会党と武村＝さきがけの単なる合併になり終わろうとして、最後はその翌年の一二月だったと思いますが、新党準備大会のようなものを開くには開いたのですが、そこで主催者代表で村山があいさつに立った時に赤松前書記長が「お前がいるから新党が出来ないんだ！」と野次を飛ばし、また協力者代表の丸山さんも「ここまで付き合ってわかったが、社会党は嘘つきだ」とあいさつして、この流れは空中分解してしまった。

一方では山花貞夫前委員長は、社会党内で新民主連合というリベラル会派をつくって代表となっていましたが、新進党の川端達夫、民主改革連合の粟森喬、民主新党クラブの海江田万里、それからさきがけの佐藤謙一郎など、他党と横断で新党をつくろうという構想を持っていて、赤松や仙谷由人などはみなこちらだった。

それで九四年の一一月に新党結成を目指すシンポジウムを、プレスセンターでやって、私がコーディネイターを務めました。会場は一杯で労働組合の幹部もたくさん来て大いに盛り上がったんですが、それが終わって山花さんに申し上げた。「山花さん、これ、新党の定義が漠然としたまま盛り上がったけれども、これはどういうものなのか。つまり、社会党の中に新党グループというのをつくって運動を進めるのか、それとも山花さん自身とその仲間たちが社会党ときっぱりと決別して、他の方々もみな離党するなりして、新たにゼロベースから新党をつくるという話なのか。後者だとすると、鳩山由紀夫をはじめハッキリとリベラル志向の人たちがもっといて、そういう人たちは今日は来ていない。そのへんが、実は今日私が司会をやって見えないままに終わった。ここをきちんと整理しないといけないですね」と言いました。山花さんは「わかっているけれども、実はそこはわざと曖昧にしてるんだ」みたいなことを言ってました。

　それでそれから何度かやりとりがあって、数日後には僕がこういうふうに整理したらどうですかと絵を描いて、その文書はまだ残っていますが、リベラルとい

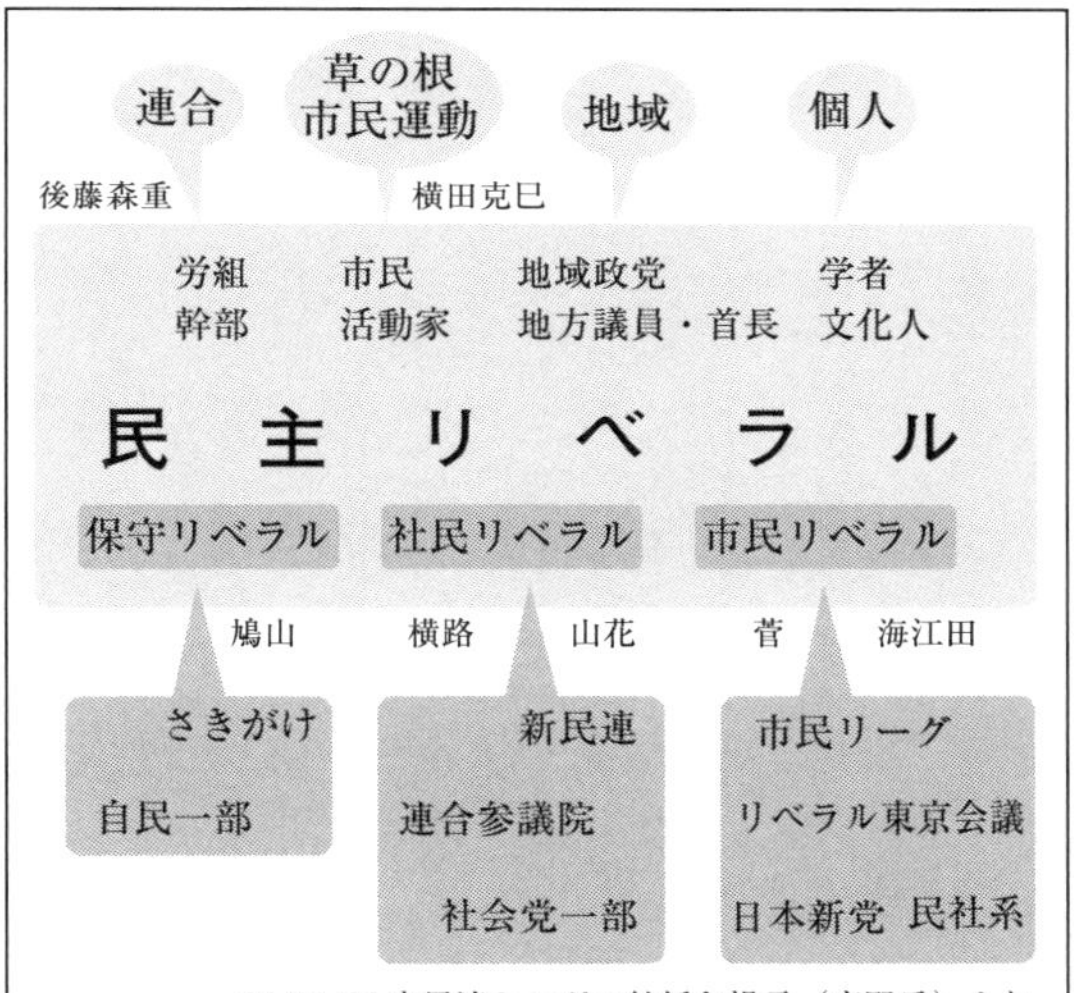

94/11/26 市民連シンポの統括と提言（高野氏）より

う大きな括りの中で、鳩山に代表される保守リベラルと、海江田とか菅に代表される市民リベラルと、山花さん、仙谷らの社民リベラルがあって、それらをリベラルという共通分母で囲った政党になるんじゃないですかと提起しました。

木村 いやあ、非常におもしろいですね。

高野 それで山花さん、いろいろお考えになって、仲間とも議論して、平野さんとも相談して、さあ九五年一月一六日、その前の晩に私に電話がありました。「明日決起しますから」「そうですか。ご立派です。楽しみにしております」と答えて、そしたら翌朝……。

木村 いきなり、阪神・淡路大地震が起きたんですね。

平野 それで山花さん、当分の間、引きこもりになっちゃった。

高野 あれはドラマチックでしたね。結局、その山花構想が潰れて山花さんは出てこなくなっちゃって、それでまさにそれと入れ替わりに、横路と鳩山の新党構想というのが、地震の一ヵ月あとの二月に始まるわけです。

平野 確かその年の三月にオウム事件が起きたでしょ?

高野 オウム事件も起きます。

木村 ですよね。阪神淡路大震災とオウム事件は連動してますから。新進党ができるのはいつですか？

高野　その前ですね。九四年一二月です。

保守二大政党制などあり得ない

平野　社会党も新党に結構入るのではないかという話もあったんです。

高野　そうそう。マスコミ的にはこちらのほうが遥かに大きな「新党問題」で、連日大きく取り上げられていましたし、社会党の中の改革派の一部がそちらに合流するかという話もあった。しかしそうはならなかったのは、「保守二大政党制の時代が来た」と新聞がみんな毎日毎日書き立てて、僕も先頭を切って批判したほうですけれど、それはいくらなんでもないんじゃないかと。そもそも政治改革と言ってずいぶん無理して小選挙区制を導入して、政権交代のある政治風土を耕すという話を重ねてきているのに、旧保守か新保守かどっちか選べなんていう二大政党制はあり得ない。あるとすれば、やはり保守＝自民党に対するリベラル＝新党という、ヨーロッパではごく当たり前の対立構図だろう。リベラルという概念はよくわからないところがあるけれども、先ほどのような三つの流れがそれこそお互いを許容しつつ緩やかな連合体を組んで一緒になって成熟先進国らしい社会のあり方を創り出していくということだろう。概念的には曖昧なものになるけれども、しかし逆に言えば、多様性をお互いに許容し合うということがまさにリベラルなんだから、改革的なリベラルというのは緩やかであっていいんじゃないかというようなことを山花新党から、その次は鳩山新党になっていく中で、僕らは理屈付けをやっていたわけです。

平野　新進党をつくるまでは、保守・革新は別にして、二大政党ということを言い切っていましたが、小沢さんと相談して、やっぱり二大政党が政治改革の目的というのはおかしいんじゃないかという話になったわけです。というのは政党をいくつにするかというのは、それは国民が決めることで、われわれがおこがましく偉そうに言うもんじゃないということです。

木村　そりゃそうですね。人為的に無理やりつくるものじゃないですよね。細川さんは「穏健な多党制」を主張されていたと思います。

平野　ただ、しかし概念としての用語は要りますから、二つの勢力に、政党、政治勢力によるグループの交代と。だから党はいくつあってもいいんだという、そういう整理をその時にした記憶がありましたね。

高野　イタリアがまさにそうですからね。それを繰り返しているうちに、両方とも政党がだんだん収斂してくるわけですね。

第２章

日本人が初めて自分で選んだ政権の崩壊

日本の憲政史上初めて国民の意志によって選ばれた政権

木村　戦後、少なくとも五五年体制になって以降第一番目の非自民党政権である細川政権と、第二番目のより本格的な非自民党政権である鳩山政権。この両者を比較して、連続性・共通性や相違点について、お二人が思われているところをお話ししていただきたいと思います。

最初に僕のほうから少しだけ触れさせていただくと、両者とも非自民党政権でしたが、選挙の前から政権交代をして、誰が首班になるかということも予めわかった上での政権交代は鳩山政権、二〇〇九年の夏の総選挙による民主党を中心とした鳩山政権であったと思います。細川政権の場合は先ほどのお話にもあるように、最初から非自民で政権をつくるということが国民に提示されたり、政治勢力で合意された上でできたものではないということです。新党さきがけや日本新党などは、場合によっては自民党といっしょに連立を組む可能性もあったということも含めて、そういう違いは非常に大きかったと思います。

また総選挙直前に出来たばかりの少数政党の日本新党党首で結果的に総理になられた細川さんと、野党第一党の民主党代表で総選挙前から総理になる可能性があった鳩山さん、両者とも非常に個人的な高い人気・支持率があったという共通点もあります。さらに、より重要で本質的な面としては、対米自立と脱官僚政治、地方分権とか、そういった政策の中核的な柱もかなり共通していた部分があったと思います。

鳩山政権は過去の非自民党政権であった細川政権の成立から崩壊するまでの教訓をどこまで生かしきれたのかという問題も含めて、鳩山・細川両政権についての評価なり共通点、相違点について、お二人にお伺いしたいと思います。まず平野先生はどのようにお考えですか。

平野　新憲法でのいまの制度で政権がどうつくられるかということなんですけど、本格的な連立政権と、それから単独政権でできるのにちょっと少数政党を付け加えたという連立政権と、少数政党の寄合で連立政権をつくらなければ政権を取れないという、いろいろあるわけです。私の事実上の認識として、自民党の四〇年ぐらいの単独政権は別にして、ほとんどの政権は、要するに政党間の話し合いで政権をつくっているわけですよね。国民がこの政権がいいと言って選んだ政権というのがそのまま政権に就いたというのは、これまでの日本政治ではなかったような気がします。そういう意味では鳩山政権というのは、まったく国民が鳩山民主党に政権を委託しようという、日本の憲政史始まって以来、国民の意志によって選ばれた初めての政権だと思いますね。

高野　そうですよね。しかも、細川政権の時はまだ小選挙区制は稼働していなかったわけで、それに対して鳩山政権は、小選挙区制が当初の狙い通りに正面切った政権交代をもたらした最初の経験だった。

木村　本当にそう思います。

平野　あとの政権は自民党の独占は別にして、ほとんど政党間の、それは細川政権だって改革のための権力闘争。ある意味で小沢の談合ですよね。党の一つのリアリズムというか、あるいは損得でつくられるわけでしょ。そういう意味では鳩山政権の場合はまったく質が違う。ここで初めて日本の政権交代のデモクラシーが行われた政権であり、ものすごい歴史的意味がある政権だと思うんですよ。あとは悪いけど（笑）。

高野　一九九三年に政治改革が起こり、そしてこういう国民的な政治経験を積みたかったんだよねという国民の気分を体現したのが鳩山政権ですよね。だから僕は失敗したということについて、あんまり悲観的じゃないのは、初めてそういうことをやってみて、大いに失望して、それでまた揺り返しで、いまの安倍政治ではあんまりだということになって、次どうするんだということになっていく。

木村　もう一度政権交代をやる。

高野　もう一度、二度、三度、四度というその政治体験というのを重ねていかないと、そもそも九三年の政治改革の意味が身体でわからないということになるんじゃないか。そういうかなり長い期間、ちょっと長すぎる感じはしますけど、かなりの時間がどうしても必要なんじゃないか。この制度を、さっき言ったようなディテールとかツールというところまで使い勝手をよくしていくという努力をしつつ、これで何回か政権交代の経験を積むという、そのある歴史的な段階を経ないと、この国の民主主義というのはこれ以上前へ進まないという問題なんだろうと思っています。

木村　今後将来において新しい三度目の本格的な政権交代がなったあとに、いまの小選挙区比例代表並立制を新たなかたちのもの、例えばドイツのような小選挙区比例代表併用制にするとか、そういうことは？

高野　それはあり得ると思います。

ガバナビリティの本当の意味がわからないと、官僚は使えない

木村　なぜ鳩山政権が潰されたのかというのは、前述の小沢事件とも関連していますが、やはりこの国を支配しているのは誰かというテーマです。それは実は、主権者である国民とその代表者である議員、政党であるというよりも、選挙の洗礼を受けない官僚の支配というのがやはりこの国では、戦後七〇年以上というか、明治維新以来ずっと基本的にあったのではないかと思います。そして戦後はとりわけ天皇制が国体というよりも、その天皇制の上にアメリカ・安保という国体があって、それが官僚を背後で動かして日本を支配している、またその最大の装置・組織が日米合同員会であることが徐々に明らかになってきたと思います（前掲書『誰がこの国を動かしているのか』および『「日米合同員会」の研究』などを参照）。

その巨大な力によって二〇〇九年夏の政権交代選挙の前からあらゆる攻撃が司法とメデ

ィアから、小沢・鳩山両氏に対して行われ、鳩山政権成立後もやはり対米自立と脱官僚政治とか、司法とメディアの根本的改革、あるいは普天間移設問題での「最低でも県外移設、できれば国外移設」の方針などが潰されていったという経緯があります。

より大きな問題としては、鳩山首相が国連総会の演説でも触れた東アジア共同体構想や、高野さんも主導された「常時駐留なき安保」論という問題もあったわけです。しかしここで重要なのは、その鳩山政権が崩壊した原因について、細川政権の時の経験が生かされなかったのではないかということです。例えば鳩山民主党政権崩壊後に、細川さんがやっぱり官僚の使い方に少し問題があったのではないかと指摘されています。細川政権の時には、石原さんという官僚中の官僚の人をちゃんと入れながら、官僚と全面対決をするというよりも、官僚をちゃんと味方につけながら、変えていくというような姿勢があったと思いますが、残念ながら鳩山政権にはそういうことがほとんどなく、官僚との向き合い方という意味では大きな問題を生むことになったといっていいんでしょうか。これは、次の政権ができた場合でも教訓として必要な問題だと思います。

平野　まさにそこのところですよね。自民党の大平内閣ができた時に、大平正芳首相はそれなりに謙虚な人ですから、どういう哲学、どういうノウハウで政権を担ったらいいだろうということを、何人か人を通じてアンケート的に聞いたんですよ。縁があって、私も聞かれたのですが、ガバナビリティという言葉があるでしょ。このガバナビリティの語源を調べましたら、これは支配するということじゃなくて、よりよく支配されるということなんですよね。

木村 通常は「政府の統治能力」といわれていますが、「国民の被統治能力」とも訳されることもありますね。

平野 僕は、ラテン語の語源から言えば、一方的に支配することをガバナビリティ、ガバナビリティって言っているがあれは嘘だよと、前尾さんから聞いたんですよ。だから政権はいわゆる支配の弁証法ですよね。支配するということは、民衆からうまく支配されるということでもある。ここのところのダイナミズムを知っとかないといかんということを大平さんに伝えると、あの人は非常に喜んでくれたんです。やっぱり政権を担うということは、基本的にそういう姿勢だと思うんですよ。

ですから自民党があれだけ長く続いたということは、カネの力で続けることができたということもあるけど、やはり明治生まれのそういう人たちが、いざ危機の時にはそういう機能を持っていたんですよ。だからそれはやっぱり官僚っていうのは放っておいたらいわゆる暴走をするというとんでもない存在だと、そういう本能を持っていたんですね。

ですから官僚を使う場合に、そういう思想でやるという意味ですが、官僚が暴走し始めたら、例えばどういうことをやったかというと、昭和五〇年代ごろまでは自民党に最高顧問というのがいまして、議長とか総理をやった人たち、それで与野党が対立しておかしなこと、あるいは国民との関係でおかしくなった時に、そういう長老の人たちが、衆議院の事務総長とか、ベテランの石原官房副長官とかそういう人に、どういうふうにして収拾するのかという話をしに来るんですよ。そういう組織があるというわけじゃないですよ。新聞記者なら誰に聞けばいいとか、そんなのよくあるんじゃない? 彼らはやっぱりそういう時の先例を知っているし、豊富な情報を持っているわけですよ。この時にはこう、この時にはこの通り、こう言ったとか、彼らは結構チェックしていましたよ。

例えば三木武夫さんの場合には、格好ばかりつけるなとか、それから角栄、ええ加減にせえとか、佐藤栄作さんなんかがやっていましたよ。ガバナビリティのわからん政治指導者は、そういうアドバイスでうまく転がしていけたという話です。

ところが民主党主導の鳩山政権が二〇〇九年夏に確かにできたわけですけど、実は鳩山政権ができるまでにいろいろいきさつがあったわけですね。それで私はバッヂをはずしていましたけど、鳩山政権ができる一年前ですか、参議院の選挙では民主党は勝っていますから、いよいよこれから本格的に政権交代ができた時のことを考えとかなきゃいかんというので、その準備のためにコンセンサスをつくっとかなきゃいかんということになったわけです。それで小沢は選挙で全国中を回るから、政権の運営の仕方とか仕組みとかそういうものについて、いわゆる国会運営も含めて、菅の相談役になってくれと小沢さんから言われたので僕は一年ぐらいやってたんですよ。いわば菅さんを通じて小沢、鳩山体制の中でパイプをつくるわけですね。しかし菅さんはそこのガバナビリティの弁証性についてどうしても理解できないんですね。要するに、自分がマスコミに出て目立つことしか考えてないですね。しきりにイギリスの制度を参考にすると言うから……。

高野　そう言ってましたね。

平野　イギリスに行くこともいいけど、イギリスには実は内閣部分に秘密のセクションがあるんですよ。これは見せませんよ。私は衆院事務局でしょっちゅうヨーロッパに調査に行ってますから、要するにイギリスが内閣と議会、それからメディアも含めて、与野党の政党がうまくいってるのは、カネも名も要らんという目立たないスタッフがいるんですよ。石原さんをちょっと若くしたような感じで絶対表に出ないような人たちですが、しかしいざという時には彼らが動くんです。ですからイギリスにはジェントルマン・アグリーメントというのがあって、彼らがそういうものをつくっていくんですよ。それで長老とか影響力のある人から重要なメッセージを発信させるんですよね。必ず議会政治にはそういう隠し味があるんですよ。

だからそれを上手につくるためには、現職の官僚というのを半年から一年かはなんだかんだ言わずに、彼らの持ってる能力とか一つの性格みたいなものをじいっと観察してからそういう仕組みを慎重につくるべきだということを言ったんですね。でも菅さんはですよ、何度言っても官僚は敵だって言うわけでね。もう悪口ばっかり言ってきたわけですよ。それが急所を握られてころっと変わったわけでしょ。だからあそこらへんが僕はやっぱり菅さんの限界だったんですよ。私の知ってる限り、鳩山さんだったらそうじゃないですよ。

高野　そう思いますね。

鳩山政権崩壊の真実

平野 よく小沢さんと議論したのは、政治は制度か人かということです。論理的に考える人は、制度さえよくすれば政治がよくなるっていう甘い考え方がありますが……。

高野 そんなことはないですね。制度じゃないですね。人ですよ。

平野 そういうこと言うのは、その人格というか人ですね。それがやっぱり勉強不足だったということが大きかった。みんながそうである必要はないんですよ。指導的な人がそうであれば、伝えていけばいいことでしてね。

木村 ただ鳩山政権の時は、政権の中枢に、閣僚などを経験した政治家があまりにも少なかったですよね。もちろん、細川政権の時も自民党で政府関係の役職を経験したような政治家が、本当に少なかったと思います。具体的には、細川政権では羽田・小沢の二人、鳩山政権では鳩山・小沢・菅・藤井の四人だけが事実上の政府経験者でした。

平野　体験がないということは、ある意味でそういう知恵がないということかもしれませんが、例えば菅さんは厚生大臣をやっていたって、厚生行政のいわゆるノウハウを知っているわけじゃないですからね。官僚に踊らされているだけでしたからね。

私は後藤田さんに褒められたことが二回あるんですが、あとは怒られてばっかりいたけども、細川内閣で法務大臣の指名が遅れた時です。法務大臣がなぜ遅れたかというと、自民党から出た連中の中で、社会党にもいましたが、きつい人間を法務大臣にして、徹底的に自民党の悪い部分を暴けるようにしようという指示があったんです。それで細川さんと小沢さんが困ったんですよ。

小沢さんを通じて、どうすればいいかと私のところに相談がきたので、私はそんなのまじめに考えることはないと。「本当に役人を使い切ろうと思ったら、法務省の役人に三人ぐらい法務大臣の候補者を選ばせる。その中から細川さんが決める。そうすると法務省の役人が必ず政権の言うことを聞くよ。ガバナビリティの本質っていうのはそういうものだよ」と言ったら、「よし、やろう」ということになって、それで法務官僚に任せたんです。こんなこと、法務省が始まって以来のことですよ。則定（衛）を中心に喜んで、その時の法務大臣は後藤田さんですよ。さすがだって褒めてくれたんですよ。後藤田さんも乗って、とても素晴らしい人を候補者に持ってきて、この人で行けるかと思ったら、結局、奥さんが反対してダメになってしまいましたが。

それで仕方がないので、弁護士をやったことがある東大の民事訴訟法の先生（三ヶ月章）になったわけですけどね。ところがその人が創価学会の事件に関連していまして、創価学会につながっている法務大臣だと批判されましたけどね。

高野　結局はおっしゃるように、良くも悪くも人ということに尽きるんだと思います。鳩山はそういう意味では細川の人気、国民的な期待みたいなものを、そのまんま引き継ぐことができる稀有のキャラクターですよね。

木村　僕もそう思います。

高野　それは、政権を取るという意味では成功したんですが、しかし能力といいますか、それこそガバナビリティ、またとりわけ官僚の使いこなしという点で言うと、まったくと言っていいぐらいダメだったということです。それは一言で言ったら、人がよすぎるというのか、ナイーブすぎた。彼がいまでも残念がりますが、いよいよ辺野古の「県外、できれば国外」という話の行き詰まりが見えてきている時に、防衛と外務のトップが……。

木村　そうですね。その官僚エリートが徳之島案をめぐって暗躍することになるんですね。

高野　そこに絞り込まれていく前の段階で、防衛と外務のトップを四人かな、誰だか聞いてないのですが、彼らを公邸に呼んで、酒も出して、もうこれからあなた方を頼りにするので力になってくれということで鳩山さんが言ったんですが……。

木村　そこには平野博文官房長官もいたんですね。

高野　そうですね。それでわかりましたみたいなことで、すごく話が盛り上がって、もうそれで鳩山さんは話が転がったと思った。そして、このことは絶対に極秘で進めたいという申し合わせをして別れたのに……。

木村　ところが、その話が翌朝の朝日新聞にリークされたんですね。

高野　それで鳩山さんは殴り倒されたぐらいショックを受けた。あんなに昨日誓い合ったのにと、完全に官僚不信に陥った。しかし、確かに総理大臣を平気で馬鹿にする官僚が悪いけれども、官僚というのはそういうものだということを前提にどうマネージするかという意地悪な意識はないわけで、要するに人がいいとしか言いようがないじゃないですか。

平野　そうです。

高野　そういうことの連続だったんじゃないですかね。ものすごいシビアな、真剣勝負の駆け引きも、騙し合いも必要だろうし、逆に言うと、相手を上回るぐらいの情報力とか裏工作とか、そういうことがあって初めて、それをちらつかせることで本気になって動くとか、いろんなことがあるんだと思うんですよ。ところが鳩山政権の場合はそういうことはまったくなし。素直に信じる。信じれば必ず応えてくれるみたいな、そういう意味の人のよさですね。

これは鳩山さん個人がそうだっていうだけではなく、鳩山政権全体としてそうだったんですよ。小沢さんは〇九年の選挙の前にずうっと決め台詞みたいに、「明治以来一〇〇年の官僚体制を打破する革命的改革」というのを演説の決め文句にしていました。そういう一〇〇年の歴史と伝統とノウハウを持つ牢固《ろうこ》たる官僚体制と戦う革命なんだという自覚が……。

木村　というか、本気の覚悟がね……。

高野　まったく欠如していたと思いますね。これはある意味では小沢さんも甘くて、その革命に対する「予防反革命」、すなわち革命の対象となる抵抗勢力が生き残りを賭けて、窮鼠猫を噛むような勢いで、事前にありとあらゆる手段で革命を予め阻止しようとする策謀に出るのは、ある意味、古今東西、当たり前のことなのです。だから官僚の中の官僚とも言うべき検察権力の側から、小沢さんに対する攻撃が仕掛けられた。その時僕は小沢さんに「こんなことで党代表を辞めないでください。ご自分がいくら傷ついても民主党を率いてこのまま突っ切ってください」と、まあ何度申し上げたかわからないが、残念ながらお辞めになった。私は民主党政権の失敗――私は全部が失敗と決して思っていないのですが――と言われるものは、この小沢辞任から始まったと思っています。同様に、鳩山にも政治資金の問題で攻撃があり、副代表の石井一さんは厚労省の村木厚子さん共々あらぬデッチ上げ冤罪事件を仕掛けられた。すでに予防的な反革命の毒矢が雨あられと降りかかっている中で、それでも命懸けで政権を奪うのだという革命戦士としての覚悟みたいなものは、残念ながらまったくなかったんじゃないですかね。

平野　一言で言えば、鳩山さんも小沢さんも、菅さんの人柄を見抜けなかったんだね。騙されたんですよ。

木村　やっぱり騙されていたんですね、それは本当なんですね。

平野　菅の人格の問題ですよ。二人ともそれに政治的に負けたといいますかな。

木村　僕はやはり鳩山政権の場合、政権交代自体がものすごく画期的なものであったというだけではなく、対米自立と脱官僚政治の二本柱をはじめ、掲げた方針・マニフェスト・政策も本当に重要なものだったと思います。そして、鳩山政権は九ヵ月足らずで崩壊したとはいえ、その間に成し遂げたこと、例えば事務次官会議の廃止とか年次改革要望書の拒否とか特別会計の見直しとか、自衛隊をインド洋から引き揚げさせるとか、ある意味でこれまでの自民党政権では考えられなかった驚くべきことを、一挙にやり遂げた部分もあったと思うのです。

細川政権もそのような兆候があったのでアメリカに警戒されたわけですが、鳩山政権はそれ以上のことを政権交代の前から掲げ、政権交代後に一部それを成し遂げたということはもっと注目されるべきだと思います。そして、記者クラブの開放や密約の公表もそうですが、そうしたがために、あとで官僚やメディアなどが一体となった総がかりでの巻き返しがあり、鳩山政権は最終的に崩壊することになります。そのあとにできた菅・野田政権というのは白井聡さんがよく言っているように、すでに「第二自民党化」していたし、自民党以上に官僚とアメリカの言いなりになる政権となったといえるんじゃないですか。

そのあと、僕は、菅さん、菅政権の責任も非常に大きいと思いますが、それ以上に野田さん、野田政権が最後に消費税増税とか原発再稼働とか、あらゆる政権交代の時の約束に反するものを自民党などとともに合意した上で、最悪のタイミングで敢えて解散・総選挙に打って出て、予想通りの大敗を招いたことは、もう歴史的に最悪と言ってもいいくらいの本当に大きな汚点、最悪の決断だったと言わざるを得ないですね。

その結果、第二次安倍政権が登場して、いまの戦後最悪と言ってもいい状況になってきているわけです。僕自身は、安倍さんの言う「日本を取り戻す」という言葉の意味はかつて来た道の再来、まさしく富国強兵路線であり、戦前日本のある意味でのかたちを変えた復活でもあり、戦争のできる国やファシズム的な国家体制の構築に向かって、いままっしぐらに暴走している現状だと思っています。

グローバル軍事資本主義の枠組みに、日本をはめ込んでしまった安倍政権

木村　お二人にお聞きしたいのは、安倍政権が、第一次もありましたが、とりわけ第二次安倍政権が目指そうとしているものは何なのかということです。そして祖父である岸さんと、いまの安倍さんの政治との関係をどう見たらいいのかという問題です。

平野　私はやはり明確に憲法改悪、特に九条の改悪を具体的に目指していると思いますね。私が許せないのは、安倍さんがやった秘密保護法、それから安保法制で九条の根幹を事実上葬ったことです。これに対するいまの有識者、政治家の歴史認識がまったくできていないので、ここのところをまずかっちりとしないといけないと思います。確かマルクスだったと思いますが、日本が幕末に開港した時に、これで資本主義が世界にリンクしたということを『資本論』か何かで言っているという記憶があるのですが、いままさにこれと同じような歴史的状況をつくっているのです。

いま、グローバルな軍事資本というのは、国家権力にはもう規制できなくなっていますからね。ですから中東のテロだって中国・北朝鮮だって、みんないわゆるアメリカを含むヨーロッパやロシアなどの、そういう軍事資本が共同で戦争を起こしてマネーゲームの代わりに、それで経済成長させるという方向になってきました。日本の国で守ってきた憲法九条は、結局、世界的に戦争をさせなくしていたわけです。その憲法九条を事実上葬ったというのは、安倍が安保法制でそれを突破したからなのですよ。安倍政権の九条解釈改憲で、グローバル軍事資本主義が地球をリンクしたのです。ですからこれからは、トランプがどういう方針をとるかということは別にして、いよいよグローバル軍事資本による経済成長という一つの新しい資本主義の流れがつくられたんですね。これをつくった責任というのはものすごく安倍にもあると思うのです。

そうなると、いよいよ戦争で飯を食っていく、あるいは軍備を拡張することによって資本主義経済を延命するようになります。だから僕は、それに反対することを野党協力の中核にしてほしい。

木村　共有できる対抗軸ですね。

平野　ええ。それだったら自民党の良識派だって、共産党だって同じ気持ちで立てますからね。連合がとやかく言っているのは、結局、大企業が軍事資本の配下だからだと思うのです。安倍政権のこの歴史的な立ち回りというものの元をつくったのは、高野さんが日刊ゲンダイのコラムでいくつも例を挙げて書いていたように「悪いことのすべては野田政権で始まった」のではないかということです。私はそういう動きをしている安倍を、岸より本当に悪いと思っているので、なんとしても倒さないといかんと思っているんです。

高野 そうですね。安倍というのもいろんな面があって、一つはおっしゃるような、おじいさんコンプレックスというのか、ちょっと常軌を逸しているぐらいのおじいさんへの憧れがあって、それは一言で言えば、戦前型の軍事強国に帰ろうという復古主義という縦軸の要素がある。だけどこれは彼の個人の問題ですよね。彼を動かしている信条の問題というか、突き動かしている一種の衝動というか、そういうものとして理解すべきであると思います。

それと横軸はいまおっしゃったことで、いよいよ資本主義というのは野蛮化していて、金融資本主義、結局、水野和夫さんが言う「資本主義の終焉」、つまり地球が物理的に限界があって、もう開拓し収奪すべきフロンティアがなくなってしまった中で、それでも資本は利潤を上げ続けることが宿命的本質なので、とうとう自国の中間層を育てて飼い殺しにしておくというゆとりさえも失ってそれを食い荒らし始めたというのが、いま先進国共通の豊かさの中での格差、一％対九九％問題の意味だと思います。そこで一時の安らぎを与えてくれるかに見えたのが「金融資本主義」、あるいは米経済学者スーザン・ストレンジが言う「カジノ資本主義」で、地球には地理的・物理的な限界があるけれども、それを上に突き抜けると無限の広がりを持つ電子的金融空間があって、そこでスパコンでプログラムを組んで一つの取引にかかる時間が一〇億分の一秒とかいう曲芸みたいなことを競い合ってきた。しかしそれもリーマン・ショックで破裂してしまった。

もう一つの逃げ場は「軍事資本主義」なんですね。

木村　軍事ケインズ主義とも言われていますね。

高野　そうですね、究極の公共事業としての軍拡です。アメリカの軍産複合体を頂点とした世界の軍事産業にとっては、常時、紛争がなければ困るので、なくなりそうになるとどこかでほどほどに仕掛けて紛争を煽って市場を維持しなければならない。そのような軍需産業のグローバリズムの展開があって、そこに日本という存在が一人前の正規メンバーになっていないじゃないかというのが、対日勧告書（年次改革要望書）やアーミテージ・レポートなど、米軍産マフィアからの対日脅迫だった。それに安倍は完全に寄り添おうとしている。

そこにまさに安倍政権の矛盾があるのです。戦前回帰型の軍事強国という復古的ナショナリズムという面があって、櫻井よしことか日本会議とかの時代錯誤の人たちはそこに安倍の価値を見出しているのですが、他方では、これまでの自民党はそこまではやらなかったんじゃないかと思えるほどのズブズブの対米追随路線で、集団的自衛権は解禁する、武器輸出も解禁する、アメリカの最新兵器は言われるままに購入する、辺野古の基地建設は何が何でも推進するということになっていて、この相反する側面をどこでどうやって折り合いをつけていくのか。

しかしこれは実は安倍のせいではなくて、岸信介においてすでにそこが深刻な矛盾としてあったわけです。本当は民族自立の自主憲法・自主防衛が夢なのだけれども、実際の日米の力関係の下では、対米従属を徹底することを通じてしか軍事強国に戻っていく道筋は立たないのかなというのが、一九六〇年の岸による安保改定だったのでしょう。安倍が、アメリカの要請に応える形で集団的自衛権の解禁という扉を半開きにして、そこを手がかりに迂回路を通じて海外武力行使ができる日本にしていこうと企んだのは、おじいさんと同じ矛盾を生きているのだろうと思います。そこが安倍政権のわかりにくさの根源で、実は彼自身がよくわからないまま、ジタバタしているのだと思います。だからトランプがわからないのとちょっと似ているのですが、突き詰めるとその軸の立ち方がわからないところに危なさがあるのですね。

木村　僕は冷戦終結後の世界でアメリカ主導のグローバリゼーションが進む中で、弱肉強食の金融（強欲）資本主義が世界化するとともに、イデオロギー的には新自由主義と新保守主義（新国家主義）が席巻し、とりわけ二〇〇一年の九・一一事件以降は、世界的な規模での戦争国家化、警察国家化が急速に進んできているとみなしています。ただ、それに対する部分的な揺り戻しは世界各地でも起きており、日本でもいい意味での大きな揺り戻しが二〇〇九年夏のやはり政権交代と鳩山政権の登場であったと思うんですね。

トランプ政権の評価に対しても、やはり行き過ぎたグローバリゼーションや、アメリカがこれまでの過剰な軍事干渉主義に対する見直しという問題を実は提起していて、必ずしもこれまでの支配層とは距離を取ったかたちで軍産複合体やウォール街やネオコンとは違う政策をとり得る可能性があるのではないかと考えています。

ということで、世界のいい意味での変化のきざしが出てきているのではないかというふうにも見ているのですが、ただ残念なことにそれをチャンスとして生かすだけの準備と覚悟がいまの日本、安倍政権にはまったくないということです。安倍政権は、ますます対米従属を深めつつ、アメリカと同じような戦争中毒国家になろうとしていると思います。

共産党の大転換と野党の結集が日本政治を変える

木村　この間スノーデン氏の映画をつくったオリバー・ストーン監督が訪日した時のインタビューでスタックスネットにも触れながら警告してくれているように、日本は単なるアメリカの属国というだけでなく、日本国民の生命・財産をアメリカの人質に取られて脅かされているのではないかということも知る必要があると思います。だから原発再稼働というのは、僕はもう本当に日本を破局に導く無謀な暴走そのものであり、この安倍政権の暴走をいかに止めるかということがいまの最大の課題だと思っています。そういう意味で安保法制に対する抗議行動にシールズの若者など多くの人々が参加して立ち上って以降、野党協力の萌芽が生れつつあることが、沖縄での辺野古や高江での力強い基地建設反対運動の動きとともに一つのいまの閉塞状態を打破するきっかけになると期待しています

平野　自分のことを言って非常に恐縮ですが、日本の政党政治の一つのルーツというのは、

私の生まれた高知から派生しているというふうに私は見ているんです。それは土佐でつくられた自由党から政友会や改進党や自民党になり、片一方は無政府主義者から幸徳秋水になり共産党、革新になっているわけですから。私自身の個人史としても、私の一族もやはり両方が混ざっていて、私はいろいろあって結局は保守のほうに選ばされて一つのトラウマになっていたんですが、やはり歴史の変化とともに、共産主義というものがかつてのいわゆるロシア革命のような暴力でモノを変えるということを昭和三〇年代に日本では放棄していますから、いまは新しい信頼できる政治勢力の一つとして評価できるようになったわけです。

ある意味で私の一生というのは、政党名はともかくとして、やはり人間の自由と公正、そして格差のない平和な国づくりといいますか、社会づくりのためにあったのだと思っています。そして、まさか自分が生きているうちはこんなことはないと思っていたんですが、いまはやはり原点に戻って、国家の危機には全面的に協力するという気持ちになっています。

保守の本流のものの考え方と、それから革新のものの考え方というのは、政治の理念においても、それから政策においても、ある意味で違いはないと思っています。というのは結局、人間の生き方として嘘をつかずに本流を生きるのが一番だと。僕が教えられたのは、本流というのは自分が不利になった時嘘をつかないが、亜流というのは自分が不利になったら嘘をつくということです。それである意味、政党で言えば、嘘をつかなかったのは共産党の本流と、かつては存在した自民党の本流であって、あとの多くはバルカン政治家ですよ。偏狭なイデオロギーで政治を行う時代ではありません。「戦争をやめ生命と暮らしを護る」ことで一致する人たちで、政権交代して新しい時代をつくっていくのが私たちの使命だったかなというふうに考えています。これまでいろいろ私も悪さもしたし（笑）、自慢できることはほとんどないですが、自分の一生はやはり、このために生きてきたのかなという、そういう思いを持っております。

平昌冬季オリンピックで奇跡的に始まった「米朝首脳協議」の成功は、太平洋戦争を終わらせる歴史的出来事です。「北東アジアの非核・非戦構想」を関係国で実現させる第一歩になります。日本の憲法九条の理念を世界に展開し、人類の危機を救うことです。そのため、日本で平和と民主主義を実現する政権をつくることが絶対条件です。野党六党派（立憲・国民・共産・自由・社民・無所属の会）は、憲法観がどうの、安保観がどうのと理屈を言い合う時間はない。安倍自公政権の悪霊を葬ることが最優先であると気づくべきです。
　そのため私と日蓮宗僧侶の山口紀洋弁護士は、二〇一八年九月七日、最高検察庁に安倍晋三氏を「内乱予備罪」で告発しました。理由は「憲法の原理を抹消することを策謀し、国民を誘導し破憲を強行しつつ内乱の準備をしている」というものです。刑法七七条には「憲法の定める統治の基本秩序を壊乱する者」を罰する規定があります。日本で初めて首相を刑事告発した私たちの狙いは、国会が機能しなくなっているので、現行法で国民主権を行使できることを「終活」として実行することです。

高野　いまこの安倍政権、安倍政治の流れをどういうふうに止めるかという時に、残されたほとんど唯一の手段と言っていいのが、野党の結集であると思います。しかも非常に重要な核の一つとして共産党をそこに据えるということにならざるを得なくて、そこでいまその最大の障害になっているのは、国民民主党や連合の中にある共産党アレルギーなのです。もちろん、これは歴史的に理由がないわけではないので簡単に解消できることではないわけですが、そこのところをどう乗り越えて、野党の協力態勢を築けるかが問われていると思います。マスコミでもいろいろな予測が出ているように、本格的な野党選挙協力が実現すれば、最低でも三〇や四〇、最大で言うと六〇も議席が加わってくる可能性がある

15年安保闘争の組織構図

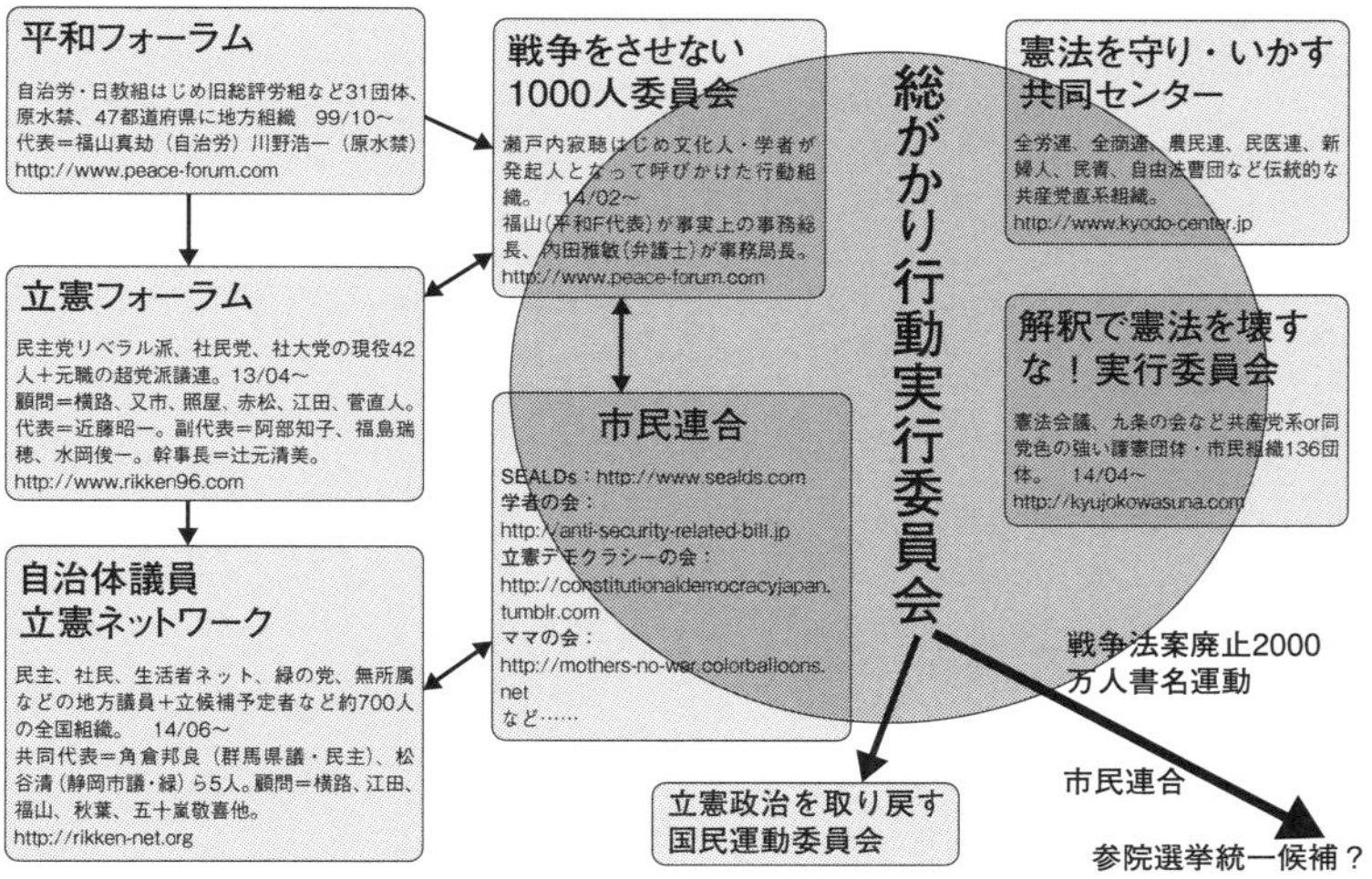

わけで、そこに賭けるしかないということです。

共産党の変わり方というのは目覚ましいものがあって、かつての民進の中には「民進が共産に寄りすぎた」という意見がありましたが、そうではなくて「共産が民進に寄らざるを得なくなった」ということなのだと思います。僕自身が一五年安保法制反対の集会・デモ、その中で生まれてきた学者の会、ママの会、シールズなどの市民連合の活動を身近で見てきた体験で言うと、この運動全体のコアというか仕掛け人は旧総評系の労組・平和団体がつくっている「平和フォーラム」です。自治労・日教組・原水禁なんか中心ですが、これは連合ができる時に総評系のそういった平和・護憲・原水禁運動の伝統を消すことなく残そうということで続いてきた。それで、第二次安倍政権になって改憲という問題が差し迫った課題になってきた時に、この平和フォーラムが仕掛けて、民進党のリベラル派を中心にして社民党の全部、自由党の一部、糸数慶子さんの社会大衆党など超党派の議員連盟として「立憲フォーラム」をつくった。近藤昭一が代表、辻元清美が幹事長、副代表に福島瑞穂や阿部知子など、顧問には赤松広隆、菅直人、横路孝弘などがいて、長妻昭、小川敏夫などもメンバーです。これが実は一五年の安保国会を通じて、国会の中の議論と国会の外の集会・デモと連動させる、非常に重要な組織的役割を果たしてきたわけです。

この平和フォーラム、立憲フォーラムが「戦争をさせない一〇〇〇人委員会」ということで瀬戸内寂聴、開高健、澤地久枝、落合恵子など広範な文化人を呼びかけ人にしたことで国会デモが大きく膨らんで、他方、こちら側には共産党系の諸団体があって、国会デモは別々にやっていたのですが、一五年五月三日の憲法集会をいっしょに開くという合意が出来て、以後その両者が合流して、「市民連合」とともに「総がかり行動実行委員会」というアンブレラ組織を形成して共闘態勢をとった。しかもそのパターンが全国に広がって行ってそれが国会前を中心に全国でデモが大きく広がって行った要因だったし、またそのような運動の広がりがあったからこそ、一六年参院選で東日本を中心に民進・共産はじめ野党統一候補で戦ってかなりの成績を収めるという成果も生まれたのです。

話が長くなって申し訳ないのですが、私はこの平和フォーラム、立憲フォーラムのほうにずっと関わりがあって、いっしょにやってきたものですから、共産党がどのくらい本気で野党共闘に取り組んで、そこに活路を見出そうとしているかを、実感として知っているので、前原さんのように「共産党はシロアリ（で近づいたら食い荒らされてしまう）」論をブッたり、多くの人たちが「共産党と組んだら自分の支持基盤の一角である保守層が逃げる」と恐れたりしているのは、実情とかけ離れた観念論だと思ってしまうのです。共産党がいままでのような独善主義では生きながらえられなくなっているということが、この野党共闘問題の核心で、それを素直に受け止めて、現実に安倍政権を倒す戦線配置を創り出していくのがリベラルの課題だと思います。

それで僕が言っているのは、どうせそこまで行くんなら、イタリアまで行ってしまいましょうよということです。イタリア共産党は、冷戦後、さっさと共産主義と決別して党名を「左翼民主党」に変えて、強い組織力を持ったリベラル左派政党として再出発して、たちまちリベラルから左翼までの多くの政党を取りまとめたリベラル連立政権を樹立することに成功しました。以後、保守連合と対抗軸を形成して政権交代を繰り返していることは前にも述べた通りです。日本共産党もこのくらい思い切りよく転換すればいいのだと思います。他の野党はあくまでリベラルで行くべきで、それと本格的な左派政党として出直した共産党が組めば、そこで初めてこの剣呑な安倍政権にストップをかける現実的な展望が生まれるのだろうと思います。

木村　僕はいまの日本は、本当に平和国家から戦争国家、民主主義からファシズムへ移行転換する真っただ中にいるという危機感を持っています。その戦いの最前線に置かれているのが、沖縄であり、オール沖縄の闘いだと思うんですね。

またトランプ政権の登場というのは、不確定要素はあるのですが、そういった状況を変えるチャンスにもなり得るということで、ジャパン・ハンドラーズといわれていたリチャード・アーミテージやジョセフ・ナイなどが失脚したとか、そういった積極的な要素もありますので、絶望するにはまだ早いと、最後まであきらめずに闘っていく必要があると強く思っています。

私も東アジア共同体・沖縄（琉球）研究会を仲間たちと一緒に立ち上げて、沖縄の人々と本土のわれわれとが共通の脅威・問題に対して連帯して取り組むという問題意識を持った上で、情報交流・意見交換や共同研究をやろうという場・組織を設けました。そういう場を通じても同じ目標を追及していきたいと思っています。鳩山さんが首相の時に提起された東アジア共同体構想というのは、僕は戦後日本の中で政党政治家が提起した、最も責任ある有力なビジョンだと思うんですね。これを実現するためには、まず日本が本当の真の独立国家・民主国家にならないといけないし、沖縄の自立や独立を含む、自己決定権を尊重していく必要があると思っています。

政界の中枢にずっといらっしゃって、とりわけ田中さんだけでなく小沢さんとも長年共通の目標を持つ同志として闘ってこられている平野さん、またジャーナリストとして政治を厳しく監視、批判し、いままでずっと鳩山さんと一緒に東アジア共同体の問題も含めて闘っておられる高野さん、お二人のお話をお聞きして、戦後日本政治のこれまで知らなかった側面をずいぶん知ることができましたし、非常に有益な鼎談をさせていただいたことに心から感謝したいと思います。

平野貞夫（ひらの さだお）

1935年高知県出身。法政大学大学院社会科学研究科政治学専攻修士課程修了後、衆議院事務局に入局。園田直衆議院副議長秘書、前尾繁三郎衆議院議長秘書、委員部長等を歴任。92年衆議院事務局を退職し、参議院議員に当選。以降、自民党、新生党、新進党、自由党、民主党と、小沢一郎氏と行動をともにし、「小沢の知恵袋」と称せられる。自社55年体制より、共産党も含めた各党に太いパイプを持ち、政界の表も裏も知り尽くす存在で、宮沢喜一元首相からは「永田町のなまず」と呼ばれる。現在、土佐南学会代表、日本一新の会代表。『平成政治20年史』（幻冬舎）、『野党協力の深層』（詩想社）など著書多数。

高野孟（たかの はじめ）

1944年東京生まれ。1968年早稲田大学文学部西洋哲学科卒。通信社、広告会社勤務の後、1975年からフリー・ジャーナリストに。同時にニュースレター『インサイダー』の創刊に参加。80年に（株）インサイダーを設立し、代表取締役兼編集長に就任。94年に（株）ウェブキャスターを設立、日本初のインターネットによる日英両文のオンライン週刊誌『東京万華鏡』を創刊。2002年に早稲田大学客員教授に就任。05年にインターネットニュースサイト「ざ・こもんず」を開設。08年に「THE JOURNAL」に改名し、論説主幹に就任。『アウト・オブ・コントロール』（小出裕章との共著・花伝社）、『沖縄に海兵隊はいらない！』（にんげん出版）など著書多数。

木村朗（きむら あきら）

1954 年北九州市小倉出身。鹿児島大学法文学部教授。日本平和学会理事、東アジア共同体・沖縄（琉球）研究会共同代表。東亜歴史文化学会副会長、国際アジア共同体学会常務理事。インターネット・ニュースの現代ビジネスに論評を連載中。主な著作は、単著『危機の時代の平和学』（法律文化社）、共編著『20人の識者がみた「小沢事件」の真実』（日本文芸社）、『終わらない〈占領〉』（法律文化社）、『中国・北朝鮮脅威論を超えて』（耕文社）、『沖縄自立と東アジア共同体』（花伝社）、共著『誰がこの国を動かしているのか』（詩想社）、『核の戦後史』（創元社）、『沖縄謀叛』（かもがわ出版）等。

昭和・平成
戦後政治の謀略史
2018年11月25日　第1刷発行

著　　者　平野貞夫　高野孟　木村朗
発 行 者　金田一一美
発 行 所　株式会社 詩想社

〒151-0073　東京都渋谷区笹塚1－57－5 松吉ビル302
TEL.03-3299-7820　FAX.03-3299-7825
E-mail info@shisosha.com

D　T　P　株式会社 キャップス
印刷・製本　中央精版印刷株式会社

ISBN978-4-908170-13-3

詩想社新書

1

リーダーのための「人を見抜く力」

野村克也

忽ち3刷！ 各メディアで絶賛。名捕手、強打者にして名将といわれた著者の実績を支えていたのは、独自の人間観察眼だ。人間性や将来性、賢明さなど、どこに着眼し、どうその人間の本質を見破り、育てるかを初めて明かす。

本体880円＋税

10

資本主義の終焉、その先の世界

榊原英資
水野和夫

大反響4刷！「より速く、より遠くに、より合理的に」が限界を迎えた私たちの社会。先進国の大半で利子率革命が進展し、終局を迎えた資本主義の先を、反リフレ派の二人が読み解く。

本体920円＋税

11

言葉一つで、人は変わる

野村克也

大増刷！「野村再生工場」を可能にしたのは、「言葉の力」だった！ 言葉がその人の考え方を変え、行動を変え、ひいては習慣を変え、ついには人生をも変える。どんなとき、どんな相手に、どのような言葉が響くのかを明かす。

本体880円＋税

12

誰がこの国を動かしているのか

鳩山友紀夫
白井　聡
木村　朗

元・総理が、この国のタブーをここまで明かした！ 総理でさえままならない「対米従属」というこの国の根深い構造とともに、鳩山政権崩壊の真相を暴き、「戦後レジーム」からの真の脱却、真の独立を説く。

本体920円＋税

詩想社新書

13

原発と日本の核武装

武田邦彦

なぜ、日本は原発をやめないのか？　原子力研究者から脱原発へと転じた著者が、原発推進派、反対派それぞれの主張を科学的に検証、あわせて日本の核武装の可能性まで分析、原子力事業のタブーを明かす！

本体920円＋税

16

「国富」喪失

植草一秀

国民年金資金や個人金融資産など、日本人が蓄えてきた富がいま流出していっている。ハゲタカ外資の日本浸出の実態を明かし、それに手を貸す政治家、財界人、メディア、官僚の売国行為に警鐘を鳴らす。

本体920円＋税

17

プロ野球　奇人変人列伝

野村克也

ノムラが見た球史に輝く強烈キャラクター52人を選出！　球場の医務室で出番まで寝ている選手、財布を持ち歩かないドケチ選手、マウンドから監督を怒鳴りつける投手、ケンカ野球の申し子…あの名選手たちの超ド級の変人伝説を大公開！

本体880円＋税

18

「高齢者差別」この愚かな社会

和田秀樹

財政ひっ迫から、高齢ドライバーの事故まで、様々な社会問題の責任を不当に負わされ、特養不足は放置され、認知症、寝たきりへの偏見は蔓延し、医療現場ではその命さえ軽視されつつある「嫌老社会」に警鐘を鳴らす。

本体920円＋税

詩想社新書

19

「文系力」こそ武器である

齋藤　孝

「文系は役に立たない」は本当なのか？　「理系になれなかった人」が、文系なのではない。文系人間の持つ文系力とはいかなるもので、それが社会をどう動かしてきたかを明らかにし、文系力の鍛え方、社会と自分の人生への生かし方も説く。

本体920円＋税

20

権力者とメディアが対立する新時代

マーティン・ファクラー

特定メディアへの敵意をむき出しにするトランプ、安倍…権力者とメディアの闘いの最前線と、新メディア乱立でフェイクニュースがあふれる時代のメディアリテラシーをニューヨーク・タイムズ前東京支局長が説く。

本体920円＋税

22

「日米基軸」幻想

進藤榮一
白井聡

「米国について行けば、幸せになれる――」。戦後日本人が抱き続けた幻想の正体。アングロサクソン支配の世界構造が激変する中、なぜ、日本は米国に盲従するのか。「日米基軸」という幻想に憑かれたこの国の深層を解き明かす。

本体920円＋税

23

成功する人は、「何か」持っている

野村克也

「素質」でも「運」でもない「何か」が人生を決める。プロテストを受け、なんとかプロ入りを果たした無名選手の著者は、いかに名選手ひしめく球界を這い上がったのか。プロ最下層から夢をつかんだ自身の物語を初めて明かす。

本体920円＋税